Pregethu
ac Arfer

Cyhoeddwyd gan CAA, Prifysgol Aberystwyth, Plas Gogerddan, Aberystwyth SY23 3EB (www.aber.ac.uk/caa).

Noddwyd gan Lywodraeth Cymru.

Cyhoeddwyd dan nawdd Cynllun Adnoddau Addysgu a Dysgu CBAC.

 **Byd Addysg**
In Education

ISBN: 978-1-84521-575-0

Golygwyd gan Delyth Ifan
Dyluniwyd gan Richard Huw Pritchard
Cyfieithwyd gan Meg Elis
Cyfieithwyd y Gweithgareddau a'r Rhaglen Astudio gan Sara Clubb
Argraffwyd gan Argraffwyr Cambria

Cydnabyddiaethau

Oni nodir yn wahanol, daw'r dyfyniadau o'r Beibl o beibl.net.
t.60, sganiau 12 wythnos ac 20 wythnos, Hawys Haf Roberts.

Gwnaethpwyd pob ymdrech i olrhain a chydnabod deiliaid hawlfraint. Bydd y cyhoeddwyr yn falch o wneud trefniadau addas gydag unrhyw ddeiliaid na lwyddwyd i gysylltu â hwy.

Diolch i Ruth Jenkins am ei harweiniad gwerthfawr.

CYNNWYS

TAFLEN SGILIAU

Lefel	Ymdrin	Archwilio		Mynegi
	Cwestiynau Sylfaenol: Dyma'r cwestiynau y mae'r uned hon yn ceisio eu hateb. Weithiau bydd cwestiynau llai yn yr uned, i'ch helpu chi i feddwl. Mae'n ddigon posibl y bydd ateb un person yn wahanol i ateb person arall. Dylech chi allu rhoi rheswm dros gred person.			**Cwestiynau:** Wrth astudio'r uned hon byddwch yn gallu egluro eich barn ar y pynciau sy'n cael eu trafod. Byddwch yn cael cyfle i egluro eich gweithredoedd eich hun, ac i ddeall, disgrifio ac egluro gweithredoedd pobl eraill.
	Trafod eich ymateb chi ac ymateb pobl eraill i gwestiynau sylfaenol (CS) a'u cyfiawnhau.	Disgrifio a dechrau egluro cred, dysgeidiaeth ac arfer (CDA). Rhoi enghreifftiau penodol o gredoau a dysgeidiaeth ar waith. Dechrau nodi beth sy'n debyg a beth sy'n wahanol *o fewn* crefyddau.	**Credoau** Edrych ar gredoau person.	Mewn geiriau syml, egluro eich teimladau, eich ymddygiad a'ch barn a sut mae'r rhain yn wahanol i deimladau, ymddygiad a barn rhai pobl eraill.
	Trafod syniadau a barn am gwestiynau sylfaenol (CS) (yng ngoleuni ymchwil a phrofiadau).	Gwneud cysylltiadau rhwng cred, dysgeidiaeth ac arfer (CDA) gan ddisgrifio'r effaith. Nodi beth sy'n debyg a beth sy'n wahanol *o fewn* **ac ar draws** crefyddau.		Egluro sut mae'ch teimladau, eich ymddygiad a'ch barn yn effeithio ar eich bywyd eich hun. Disgrifiwch sut mae teimladau, ymddygiad a barn pobl eraill yn effeithio ar eu bywydau nhw.
	Defnyddio gwahanol ffynonellau a'ch profiadau chi eich hun i gyflwyno ymateb i gwestiynau sylfaenol (CS).	Defnyddio eich dealltwriaeth o'r cysylltiadau rhwng cred, dysgeidiaeth ac arfer (CDA) i ddeall crefydd. Egluro safbwyntiau, cred, dysgeidiaeth ac arfer (CDA) gwahanol grefydd.	**Dysgeidiaeth** Edrych ar ddysgeidiaeth sy'n effeithio ar gredoau person.	Egluro'r berthynas rhwng eich credoau a'ch ymddygiad eich hun ac egluro'r berthynas rhwng credoau ac ymddygiad pobl eraill.
	Ymchwilio i gwestiynau sylfaenol (CS) o amrywiol safbwyntiau a dechrau dod i gasgliadau rhesymegol.	Ystyried amrywiaeth eang o gysyniadau crefyddol wrth drafod gwahanol gredoau, dysgeidiaeth ac arferion (CDA). Mynd ati i egluro a chyfiawnhau rhesymau dros yr amrywiaeth o safbwyntiau sydd gan bobl grefyddol.	**Arferion** Edrych ar yr arferion sy'n seiliedig ar gredoau person.	Ystyried goblygiadau eich credoau a'ch gweithredoedd a'u cymharu â goblygiadau credoau a gweithredoedd pobl eraill, a dod i gasgliadau.

Lefel gynyddol o her a chyflawniad ➔ ➔

Themâu a Chwestiynau Sylfaenol

Mae'r llyfr hwn yn archwilio i ba raddau y mae pobl yn gwneud yr hyn y maen nhw'n ei bregethu. Mewn geiriau eraill, a ydy pobl mewn gwirionedd yn gwneud yn eu bywydau bob dydd yr hyn y maen nhw'n dweud eu bod yn credu ynddo? Yn gysylltiedig â hyn mae holl fater gwahaniaethu a rhagfarn. Mae pobl weithiau'n credu'n bendant fod camwahaniaethu yn anghywir ac yn annerbyniol, ac eto mewn rhai ffyrdd, maen nhw'n gwahaniaethu yn erbyn eraill. Wrth edrych ar berthynas hefyd weithiau mae gwahaniaethau rhwng yr hyn mae unigolyn yn ei feddwl ac yn ei gredu am bethau, a'r ffordd y mae'n ymateb ac yn adweithio yn ei berthynas ei hun. Mae'r llyfr hefyd yn ystyried y cwestiynau mawr am berthynas rywiol a ffordd o fyw.

Mae pedair thema i'r llyfr hwn:

a

Ai fi sydd i fod i ofalu am fy mrawd?

Mae'r uned hon yn edrych ar pam mae pobl yn trin eraill yn wahanol, a'r gwahanol ffyrdd o wahaniaethu.

b

Pwy yw fy nghymar?

Mae'r uned hon yn edrych ar berthynas mewn bywyd dynol, a pherthynas rywiol yn arbennig.

c

Beth yw ystyr rhyddid crefydd?

Yn yr uned hon byddwn yn edrych ar ryddid meddwl, cydwybod a chrefydd, ac yn archwilio ystyr 'rhyddid crefydd' yn arbennig.

ch

Pwy sy'n gyfrifol am y llanast hwn?

Yn yr uned hon byddwn yn ystyried gallu'r hil ddynol i ddinistrio'r ddaear, a'i gallu i warchod y ddaear.

Byddwn ni'n ystyried pedwar cwestiwn sylfaenol wrth fynd drwy'r unedau:

CWESTIYNAU SYLFAENOL

i.	Pam mae pobl yn gwahaniaethu ac yn trin pobl eraill mor wahanol?
ii.	A oes ots pa fath o berthynas rywiol rydym yn cymryd rhan ynddi?
iii.	A oes modd cael rhyddid crefydd yn y byd heddiw?
iv.	Pwy sy'n gyfrifol am broblemau'r byd a bywyd?

AI FI SYDD I FOD I OFALU AM FY MRAWD?

Ai fi sydd i fod i ofalu am fy mrawd?

Ymdrin â chwestiynau sylfaenol:

Pam mae pobl yn gwahaniaethu yn erbyn eraill ac yn eu trin mor wahanol?

Archwilio Credoau,

- Credoau crefyddol am greu'r byd, a bodau dynol yn arbennig;
- Credoau crefyddol am le a phwrpas dynoliaeth ar y ddaear.

Dysgeidiaeth

- Hanes Iddewig-Gristnogol am y creu;
- Hanes Islamaidd am y creu;
- Gwahanol ddysgeidiaeth grefyddol am farnu a thrin eraill.

ac Arferion

- Dangos cariad a thrugaredd tuag at rai fel ni ein hunain;
- Gweld delwedd Duw mewn eraill.

Mynegi:

Gan ddefnyddio'ch barn eich hun yn ogystal â'r hyn rydych wedi'i ganfod...

Pam mae pobl yn gwahaniaethu?

Sut mae sefyll yn erbyn gwahaniaethu?

Sut mae cefnogi a rhoi gwerth ar y rhai y mae pobl yn gwahaniaethu yn eu herbyn?

Ai fi sydd i fod i ofalu am fy mrawd?

Daw teitl yr uned hon o lyfr Genesis (Pennod 4, adnod 9) yn y Beibl. Mae'n sôn am feibion Adda ac Efa, sef Cain ac Abel.

Tyfodd Abel i fod yn fugail, ond roedd Cain yn trin y tir. Adeg y cynhaeaf daeth Cain â peth o gynnyrch y tir i'w roi yn offrwm i'r Arglwydd. Daeth Abel â rhai o ŵyn cyntaf y praidd, a rhoi'r rhai gorau yn offrwm i Dduw. Roedd Abel a'i offrwm yn plesio'r Arglwydd, ond wnaeth e ddim cymryd sylw o Cain a'i offrwm. Roedd Cain wedi gwylltio'n lân. Roedd i'w weld ar ei wyneb!

Dyma'r Arglwydd yn gofyn i Cain, "Ydy'n iawn dy fod ti wedi gwylltio fel yma? Pam wyt ti mor ddig? Os gwnei di beth sy'n iawn bydd pethau'n gwella. Ond os na wnei di beth sy'n iawn, mae pechod fel anifail yn llechu wrth y drws. Mae am dy gael di, ond rhaid i ti ei reoli."

Dwedodd Cain wrth ei frawd, "Gad i ni fynd allan i gefn gwlad." Yna pan oedden nhw allan yng nghefn gwlad dyma Cain yn ymosod ar ei frawd Abel a'i ladd.

Wedyn dyma'r Arglwydd yn dweud wrth Cain, "Ble mae Abel, dy frawd di?" Atebodd Cain, "Dw i ddim yn gwybod. **Ai fi sydd i fod i ofalu am fy mrawd?**"

A dyma'r Arglwydd yn dweud, "Beth yn y byd wyt ti wedi'i wneud? Gwranda! Mae gwaed dy frawd yn gweiddi arna i o'r pridd. Melltith arnat ti. Rhaid i ti adael y tir yma lyncodd waed dy frawd pan wnest ti ei ladd. Byddi'n ceisio trin y tir ond yn methu cael cnwd da ohono. Byddi'n crwydro o gwmpas yn ddigyfeiriad."

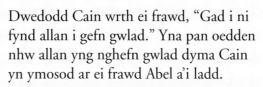

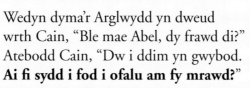

Yn y stori, roedd Cain yn ceisio dweud wrth Dduw na allai fod yn gyfrifol am ei frawd – lle'r oedd, beth roedd yn ei wneud, a pham ei fod yn gwneud pethau. Mae'r ymadrodd wedi dod i olygu rhywun sydd ddim am dderbyn cyfrifoldeb am les eraill, p'un a ydyn nhw'n llythrennol yn berthnasau neu yn fodau dynol eraill.

Mae'n ddiddorol fod yr agwedd hon yn dod mor fuan ar ôl un arall a ddaeth yn reddf ddynol sylfaenol – beio eraill am y pethau a wnaethom. Yn stori Gardd Eden, Genesis 3:1–13, mae Adda yn beio ei wraig Efa, am wneud iddo fwyta o ffrwyth pren gwybodaeth da a drwg – sef yr unig ffrwyth yn yr ardd nad oedden nhw'n cael ei fwyta. Wedi iddynt fwyta'r ffrwyth, fe sylweddolon nhw eu bod yn noeth, a chuddio rhag Duw pan glywsant ef yn dod:

Yna dyma nhw'n clywed sŵn yr Arglwydd Dduw yn mynd trwy'r ardd pan oedd gwynt yn dechrau codi. A dyma'r dyn a'i wraig yn mynd i guddio o olwg yr Arglwydd Dduw, i ganol y coed yn yr ardd. Ond galwodd yr Arglwydd Dduw ar y dyn, a gofyn iddo, "Ble rwyt ti?"

Atebodd y dyn, "Roeddwn i'n clywed dy sŵn di yn yr ardd, ac roedd arna i ofn am fy mod i'n noeth. Felly dyma fi'n cuddio." "Pwy ddwedodd wrthot ti dy fod di'n noeth?" meddai Duw. "Wyt ti wedi bwyta ffrwyth y goeden ddwedais i wrthot ti am beidio ei fwyta?"

Ac meddai'r dyn, "Y wraig rwyt ti wedi ei rhoi i mi – hi roddodd y ffrwyth i mi, a dyma fi'n ei fwyta."

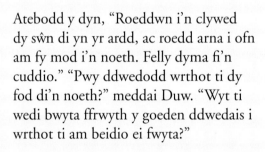
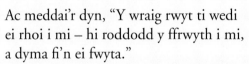

GWEITHGAREDD 1

1. Meddyliwch am ddwy sefyllfa lle nad oeddech eisiau bod yn gyfrifol am weithredoedd neu benderfyniad rhywun arall. Ysgrifennwch esboniad byr yn dweud pam eich bod yn meddwl y dylen nhw fod yn gyfrifol amdanyn nhw'u hunain.

2. Nawr ceisiwch feddwl am ddau achlysur pan wnaethoch chi geisio beio rhywun arall am rywbeth a wnaethoch chi neu a benderfynoch chi. Ceisiwch egluro mewn paragraff byr pam y gwnaethoch hyn.

3. Lluniwch ymadrodd byr a bachog sy'n crynhoi pam mae pobl eisiau symud cyfrifoldeb oddi wrthyn nhw eu hunain, beth bynnag y bo.

Pam mae pobl yn trin eraill yn wahanol?

O feio eraill pan mae angen i ni wneud hynny (a pheidio â chymryd cyfrifoldeb dros eraill) i drin pobl eraill yn wahanol – cam bach yw hynny ar yr olwg gyntaf. Ond y cwestiwn y mae'n rhaid i ni ei ystyried yw 'Pam mae pobl yn cael hyn yn beth mor hawdd i'w wneud?' Efallai fod hyn yn gysylltiedig i raddau helaeth â phersbectif; y ffordd rydym yn edrych ar bethau a phobl, a'n profiad o fywyd.

NEWID EICH PERSBECTIF

"Pan newidiwch y ffordd rydych yn edrych ar bethau, mae'r pethau rydych yn edrych arnynt yn newid."

GWAHANOL BERSBECTIF

I UN GWYLIWR:

I WYLIWR ARALL:

Mater o berspectif yw sut mae rhywbeth yn ymddangos…

O edrych ar y 'silindr' o'r pen yn unig fe welwch gylch perffaith, er nad dim ond cylch ydy'r gwrthrych.

Rhaid i'r ddau wyliwr newid y ffordd maen nhw'n edrych ar y 'silindr' er mwyn ystyried persbectif llawnach.

O edrych ar y 'silindr' o'r ochr yn unig fe welwch sgwâr perffaith, er nad sgwâr ydy'r gwrthrych.

1. Edrychwch ar y siart isod a dewis y tri phrif reswm pam, yn eich barn chi, mae pobl yn trin eraill yn wahanol.

2. Gan ddefnyddio'r templed 'Newid persbectif', rhowch y 3 rheswm a ddewiswyd gennych yn y blychau saeth coch ar y chwith.

3. Nawr eglurwch yn y blychau saeth gwyrdd ar y dde, sut mae newid y persbectif hwn, fel nad ydy'r unigolyn bellach yn trin pobl yn wahanol.

Pam rydyn ni'n trin eraill yn wahanol

ANWYBODAETH

Ddim yn gwybod neu ddim eisiau gwybod y ffeithiau am bobl eraill.

DICTER

Ymateb i ddigwyddiad neu drychineb rydych chi'n meddwl sydd wedi ei achosi gan grŵp penodol. Teimlo bod anghyfiawnder mawr wedi digwydd.

BWCH DIHANGOL

Beio eraill am anghyfiawnderau a phethau drwg yn y wlad neu'r gymuned. Targedu pobl oherwydd hynny.

MEDDWL

Ddim yn gweld na chredu bod pob bod dynol yn gyfwerth am eu bod oll yn ddynol.

PWYSAU RHIENI/ CYFOEDION

Mynd gyda'r dorf; derbyn barn ac agweddau pobl eraill, heb gwestiynu, herio na meddwl drosoch eich hun.

OFN

Ansicr am effaith pobl eraill; ansicr am gredoau a gwerthoedd y sawl sy'n wahanol.

HUNANOLDEB/ BALCHDER

Meddwl amdanoch eich hun ac anghenion eich grŵp yn unig. Methu gweld y gallai anghenion pobl eraill fod yn debyg i'ch rhai chi eich hun.

CAMFARNU

Peidio ceisio gwirio na chadarnhau gwybodaeth a roddir – dim ond ei derbyn fel ffaith.

NEWID PERSBECTIF

O hyn:

I hyn:

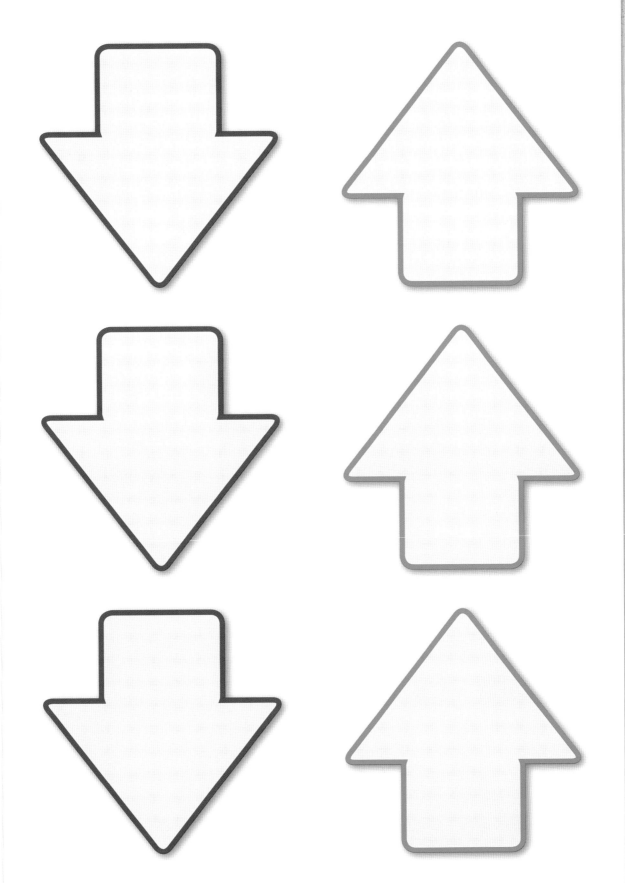

Fe allai eich ateb gynnwys cyfeiriad at gredoau pobl neu at ddysgeidiaeth grefyddol. Ac efallai y bydd hynny'n lle da i ddechrau meddwl am sut y dylen ni drin eraill. Mae gan bob crefydd gredoau a dysgeidiaeth am le bodau dynol yn y byd.

LLE BODAU DYNOL YN Y BYD

Pob crefydd yn gyffredinol

Mae bodau dynol i fod i wneud y canlynol:

- cymryd cyfrifoldeb dros y byd ac eraill ynddo;
- byw mewn ffordd sy'n eu gwneud yn ddefnyddiol a gwneud pethau gwerth chweil;
- gofalu am eraill a'r byd, gan ddefnyddio pa ddoniau bynnag sydd ganddynt.

Cristnogaeth

Mae bodau dynol i fod i wneud y canlynol:

- byw er mwyn Duw a'i wasanaethu;
- ufuddhau i Dduw a'i orchmynion;
- gofalu am y byd ac eraill sy'n byw ynddo;
- dangos trugaredd, fel y mae Duw yn drugarog wrthym ni.

Bwdhaeth

Mae bodau dynol i fod i wneud y canlynol:

- datblygu ac ennill rhyddid a gwir hapusrwydd;
- dilyn y pum rheol;
- dyfnhau dealltwriaeth bersonol o fywyd;
- peidio â niweidio bodau byw eraill.

Hindŵaeth

Mae bodau dynol i fod i wneud y canlynol:

- cyflawni eu dyletswydd, neu *dharma*, mewn bywyd;
- arfer *ahimsa* (diniweidrwydd);
- ennill *karma* da mewn bywyd.

Islam

Mae bodau dynol i fod i wneud y canlynol:

- addoli a dilyn Allah yn unig;
- parchu pob bod dynol ac anifail;
- gweithredu fel *khalifahs* yn y byd.

Iddewiaeth

Mae bodau dynol i fod i wneud y canlynol:

- ufuddhau i Dduw a'i orchmynion yn unig;
- gofalu am y ddaear a'i chreaduriaid byw, fel stiwardiaid i Dduw;
- byw mewn cytgord a gofalu am eraill.

Sikhiaeth

Mae bodau dynol i fod i wneud y canlynol:

- myfyrio a chanoli eu calonnau a'u meddyliau ar Dduw;
- ennill bywoliaeth onest;
- gwasanaethu eraill yn anhunanol.

Yn y blwch testun isod mae gosodiad am drin pobl eraill. O dan y blwch mae rhai sylwadau y gallech eu defnyddio i gyfiawnhau'r gred sydd yn y blwch. Dadansoddwch bob un o'r sylwadau, gan ddatgan (a) a yw'n cefnogi'r gred sydd yn y blwch ai peidio; (b) ydych chi'n meddwl ei fod yn rheswm cadarn, a pham; a (c) sut gallai fod yn gysylltiedig ag agweddau eraill ar gred grefyddol.

> **Mae llawer o grefyddau yn dysgu nad yw hi'n dderbyniol trin eraill yn wahanol, yn enwedig yn annheg.**

Crëwyd pawb gan Dduw, ac maen nhw felly'n gyfartal a dylid eu trin yn deg.

Dangosodd y sylfaenydd/arweinydd i ni trwy esiampl a dysgeidiaeth i drin eraill gyda pharch ac anrhydedd.

Mae gan bawb ran i'w chwarae mewn bywyd, pwy bynnag ydyn nhw a lle bynnag maen nhw.

Mae gweddi, addoli, gwyliau a dathlu mewn llawer o grefyddau yn arwydd o gydraddoldeb a chyd-fyw.

Mae credinwyr ym mhob cenedl, diwylliant a hil.

Mae gan bawb ddyletswydd i barchu eraill a bod yn garedig wrthynt.

Lle bynnag y mae pobl, a pha iaith bynnag y maen nhw'n ei siarad, yr un anghenion a dymuniadau sydd ganddyn nhw – am mai bodau dynol ydyn nhw.

Teitl y llyfr hwn ydy 'Pregethu ac Arfer', oherwydd nad ydy pobl weithiau yn 'arfer', neu mewn geiriau eraill, yn gwneud yr hyn y maen nhw'n ei 'bregethu' neu'n dweud eu bod yn ei gredu. Y broblem yw fod pobl, yn ymarferol, yn aml yn gwahaniaethu neu'n teimlo'n rhagfarnllyd oherwydd rhagdybiaethau. Weithiau, mae pobl yn gwahaniaethu yn anfwriadol; dydyn nhw ddim yn fwriadol yn penderfynu gwahaniaethu yn erbyn eraill, ond maen nhw'n gwneud hynny drwy'r pethau maen nhw'n eu gwneud neu'n eu dweud, gan ddangos nad ydyn nhw efallai wedi meddwl am y posibilrwydd o wahaniaethu yn erbyn eraill.

Bu astudiaeth ym Mhrifysgol Caerdydd yn cyfrif yr holl storïau yn y cyfryngau am Fwslimiaid ac Islam am wyth mlynedd. Edrychon nhw ar ryw 400 o storïau papur newydd y flwyddyn. Daeth tri math o stori i'r brig, sef 67% o'r storïau i gyd.

1) Mewn parau, cymerwch funud i awgrymu beth allai'r tri math yma o stori fod wedi bod; nodwch eich syniadau ar bapur.

2) Nawr dyfalwch sut roedd 67% o'r storïau wedi eu rhannu rhwng y tri math o stori.

3) Ysgrifennwch beth ydych chi'n meddwl mae'r canlyniadau hyn yn ei ddweud wrthych am y cyfryngau. A yw'n wir, yn eich barn chi, fod 36% o'r 2 filiwn o Fwslimiaid ym Mhrydain yn derfysgwyr?

Rhagor o ffeithiau:

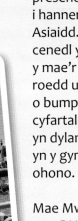

Mae dros 2 filiwn o Fwslimiaid yn y DU, y grŵp ffydd mwyaf heblaw Cristnogion[1]. Mae'r rhan fwyaf yn olrhain eu gwreiddiau yn ôl i ymfudo ac ymgartrefu ar ôl yr Ail Ryfel Byd, er bod eu presenoldeb yn dyddio'n ôl mor bell â'r 17eg ganrif. Cafodd bron i hanner (46%) eu geni yn y DU[2], ac mae tri chwarter o dras De Asiaidd. Mae'r gymuned yn dod yn fwy amrywiol: mae pobl o 56 cenedl yma bellach a 70 iaith yn cael eu siarad[3]. Gan Fwslimiaid y mae'r proffil oedran ieuengaf o'r holl grwpiau ffydd; yn 2001, roedd un rhan o dair (33.8%) dan 16 oed, o gymharu ag un rhan o bump o'r boblogaeth yn gyffredinol (20.2%). 28 yw'r oedran cyfartalog, 13 mlynedd yn is na'r cyfartaledd Prydeinig[4]. Mae hyn yn dylanwadu ar faint o weithgaredd gwleidyddol sy'n digwydd yn y gymuned, gan mai pobl ifanc sy'n arwain y rhan fwyaf ohono.

Mae Mwslimiaid ymysg rhai o'r cymunedau mwyaf difreintiedig yn y DU. Mae bron i draean o Fwslimiaid o oedran gwaith heb gymwysterau, y gyfran uchaf yn unrhyw grŵp ffydd[5]. Mae plant Mwslimaidd yn profi lefelau uchel o'r ffactorau risg sy'n gysylltiedig â thlodi plant (mae'r ffigurau cyfartalog Prydeinig mewn cromfachau): mae 42% yn byw mewn llety gorlawn (12%); 12% yn byw ar aelwydydd heb wres canolog (6%) a 35% yn tyfu i fyny ar aelwydydd lle nad oes yr un oedolyn mewn gwaith (17%)[6]. Mwslimiaid yw'r grŵp ffydd sydd dan yr anfantais fwyaf yn y farchnad waith Brydeinig; maent dair gwaith yn fwy tebygol o fod yn ddi-waith na'r grŵp mwyafrifol Cristnogol. O'r rhai sydd mewn gwaith, mae'r rhagolygon am swyddi yn wael; mae Bangladeshiaid a Phacistaniaid 2.5 gwaith yn fwy tebygol na'r boblogaeth wyn o fod yn ddi-waith a thair gwaith yn fwy tebygol o fod mewn swyddi sy'n talu cyflog isel[7]. Mae Mwslimiaid wedi eu gorgynrychioli yn y system garchardai. 3% o'r boblogaeth sy'n Fwslimiaid ond mae 9% o garcharorion yn Fwslimiaid[8].

[1] Bunglawala, et al 2004. Cyfrifiad 2011 = 2,706,066
[2] Bunglawala, et al 2004
[3] Khan 2004; Khan 2003; El Hassan 2003
[4] Yunas Samad a Sen 2007
[5] Bunglawala, et al 2004
[6] Bunglawala, et al 2004
[7] Yunas Samad a Sen 2007
[8] Guessous, Hooper a Murphy 2001

Mosg Canol Llundain, ar ddiwedd gweddïau dydd Gwener

1. Gan ddefnyddio'r wybodaeth yn y paragraffau 'Ffeithiau pellach', gwnewch y Prawf Rhifedd.
2. Gan ddefnyddio'r siart isod, a'r wybodaeth yr ydych wedi'i chael am Islam, ysgrifennwch atebion i'r cwestiynau isod:
   a) Beth ddylai'r 25% sydd heb grefydd ei wneud a'i feddwl am y 75% sydd â chrefydd neu sydd ddim wedi dweud a oes ganddynt grefydd ai peidio.
   b) Beth ddylai Cristnogion ei wneud a'i feddwl am y 41% sydd ddim yn Gristnogion?
   c) Beth ddylai'r 5% sy'n Fwslimiaid ei wneud a'i feddwl am y 63% sy'n perthyn i grefyddau eraill?

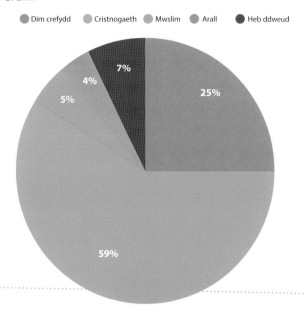

● Dim crefydd ● Cristnogaeth ● Mwslim ● Arall ● Heb ddweud

Teitl yr uned hon ydy 'Pam mae pobl yn trin eraill yn wahanol?' Weithiau, maen nhw'n gwneud hynny oherwydd anwybodaeth – dydyn nhw ddim yn gwybod am ddiwylliant neu nodweddion rhywun arall. Weithiau, mae ofn arnyn nhw – ofn bod y person neu'r grŵp arall yn mynd â rhywbeth oddi wrthyn nhw, neu'n cael rhyw fantais. Yn aml, mae'r ffordd y mae'r cyfryngau'n portreadu grŵp arbennig o bobl yn gallu creu camargraff o beth yw'r grŵp mewn gwirionedd. Mewn arolwg gan y Parch. Ganon yr Athro Leslie Francis, diddorol oedd gweld bod pobl a oedd wedi cael addysg seiliedig ar ffydd yn llai tebygol o drin eraill yn wahanol neu wahaniaethu yn eu herbyn.

Cerdyn coch i hiliaeth

Ym mis Mai 2014, roedd adroddiad ym mhapur newydd *The Guardian* ynglŷn â chynnydd mewn hiliaeth ym Mhrydain. Dangosodd arolwg o Agweddau Cymdeithasol ym Mhrydain gan NatCen (*National Centre for Social Research*) fod nifer y bobl ym Mhrydain a oedd yn dweud bod ganddynt ragfarn yn erbyn pobl o hil arall wedi codi ar y cyfan ers 2001 – roedd ar ei uchaf, bron i 40%, yn 2011, er ei fod yn is ym mlwyddyn y Gemau Olympaidd yn Llundain (2012) a'r flwyddyn ddilynol.

Wrth ymateb i'r arolwg, dywedodd Ysgrifennydd Cyfiawnder ac Arglwydd Ganghellor yr Wrthblaid, Sadiq Khan:
"Mae hyn yn dystiolaeth glir na allwn fod yn hunanfodlon am ragfarn hiliol. Lle mae'n digwydd, mae'n bla ar ein cymdeithas. Rhaid i'r rhai sydd mewn awdurdod gymryd eu cyfrifoldebau o ddifri. Mae'n rhaid i ni hefyd ddelio â beth bynnag sydd wrth wraidd hyn."

Sadiq Khan

O edrych ar agweddau at berthynas rhwng pobl o'r un rhyw a rhyw cyn priodas, byddai Prydain yn cael ei gweld fel cymdeithas agored a goddefgar. Ond o edrych ar agweddau tuag at bobl o hil wahanol, mae'n debyg fod gennym ffordd bell i fynd.

Dywedodd Trevor Phillips, cyn-Gadeirydd y Comisiwn Cydraddoldeb Hiliol a'r Comisiwn Cydraddoldeb a Hawliau Dynol:
"Dyw integreiddio ddim yn digwydd trwy ddamwain – mae'n rhaid i chi weithio arno."

Trevor Phillips

Y cwestiwn mawr yw hyn: Sut mae cymryd y mater yma o ddifri, a gweithio'n galetach i sicrhau nad yw hiliaeth yn digwydd? Efallai fod angen rhywbeth fel y cardiau melyn a choch sy'n cael eu defnyddio mewn gemau pêl-droed. 'Rhybudd' yw'r cerdyn melyn, ac mae'r dyfarnwr yn ei roi pan fydd yn penderfynu bod angen atgoffa'r chwaraewr sut i ymddwyn yn briodol; ond mae'r chwaraewr yn cael aros ar y cae. Mae'n rhoi cerdyn coch am drosedd fwy difrifol ac mae'r chwaraewr yn cael ei anfon o'r cae ac o'r gêm.

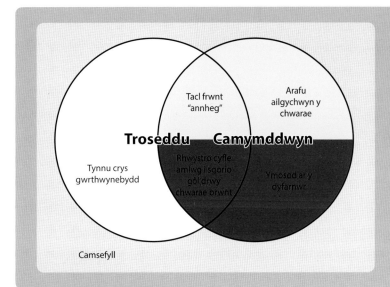

Diagram Venn yn dangos y berthynas rhwng troseddu a chamymddwyn mewn pêl-droed, gydag enghreifftiau. Mae camsefyll yn enghraifft o dorri rheol dechnegol sydd ddim yn drosedd nac yn gamymddwyn. Sylwch fod y dyfarnwr yn cael llawer o ryddid ynghylch gweithredu'r rheolau, gan gynnwys penderfynu pa droseddau sydd yn ymddygiad "annheg" ac yn haeddu rhybudd.

GWEITHGAREDD 6

Mewn parau, defnyddiwch y diagram Venn uchod a llenwi templed sy'n dangos agweddau ar hiliaeth a rhagfarn, a beth sy'n ymddygiad 'cerdyn melyn' ddylai dderbyn rhybudd, a beth sy'n ymddygiad 'cerdyn coch' ddylai gael ei gosbi mewn rhyw ffordd. Rhowch deitl addas i'ch diagram. Pan fyddwch wedi gorffen y diagram, trafodwch eich diagram gyda phâr arall. Wedyn, gwnewch unrhyw newidiadau neu ychwanegiadau sydd eu hangen i'ch diagram.

TEITL:

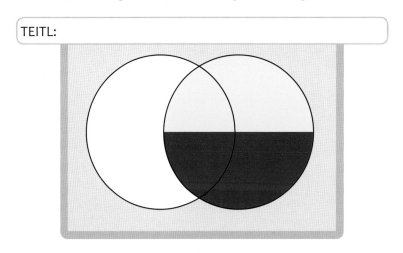

Y broblem gyda rheolau, neu gyfreithiau a chosbau, yw nad ydyn nhw bob amser yn cael gwared ar y math o ymddygiad rydyn ni am gael gwared arno. Gwnaeth Dr Martin Luther King Jr sylwadau diddorol am hyn drwy ei brofiadau ei hun o ragfarn hiliol a cheisio newid pethau.

"Mae gen i freuddwyd y bydd fy mhedwar plentyn bach un diwrnod yn byw mewn cenedl lle na chânt eu barnu yn ôl lliw eu croen ond yn ôl eu cymeriad."

"Does dim modd deddfu ar gyfer moesoldeb, ond mae modd rheoli ymddygiad. Efallai na all deddfau newid calonnau, ond fe allan nhw ffrwyno'r sawl sy'n galongaled."

"Efallai'n wir nad yw'r gyfraith yn gallu gorfodi dyn i fy ngharu, ond fe all wneud yn siŵr na fydd yn ymosod arna i, ac rwy'n meddwl bod hynny yn eithaf pwysig."

GWEITHGAREDD 7

Dewiswch un o ddyfyniadau Martin Luther King Jr, a'i ddefnyddio fel pennawd i ysgrifennu blog byr. Dylech geisio egluro dau beth allweddol: (a) pam nad yw rheolau'n gallu newid calon rhywun, ond fe allan nhw helpu i ddelio â rhagfarn; a (b) sut gallwn ni newid calonnau pobl o ran rhagfarn hiliol.

GWEITHGAREDD 8

a) Mae gan bob crefydd ddysgeidiaeth am sut i drin pobl, boed o hil neu grŵp gwahanol, neu ryw gwahanol. Edrychwch ar y siart isod. Trafodwch gyda phartner (i) dau beth sydd o ddiddordeb i chi am y dysgeidiaeth allweddol, (ii) dau beth sy'n eich synnu am y dysgeidiaeth allweddol.

b) Atebwch y Cwestiwn Gwerthuso o dan y siart, gan ddefnyddio'r wybodaeth yn y blychau testun yn ogystal â'r siart i roi ateb llawn.

Yn gyffredinol, mae pob crefydd yn dweud:

- Dylai pawb gael eu trin fel yr hoffen nhw gael eu trin (y Rheol Aur).

- Er y dylai pawb fod yn gyfartal, dydyn nhw ddim i gyd yr un fath. Mae pob unigolyn yn unigryw.

- *O fewn* pob crefydd fe all fod arferion a chredoau gwahanol ar gyfer trin pobl eraill.

- Weithiau mae gwahaniaeth rhwng dysgeidiaeth crefydd a'r arferion mae rhai diwylliannau neu wledydd yn eu gweithredu mewn gwirionedd.

Cristnogaeth:

- Mae pob bod dynol wedi ei greu'n gyfartal gan Dduw – beth bynnag ei hil neu ryw.

- Esiampl a dysgeidiaeth Iesu – roedd yn trin pawb yr un fath (e.e. ei barodrwydd i weithio gyda'r gwahanglwyfus a'r alltudion, ei ddysgeidiaeth yn Nameg y Samariad Trugarog).

- Roedd Iesu hefyd yn gweithio ymysg menywod, yn eu dysgu ac yn gwneud gwyrthiau gyda nhw, er nad oedd menywod ymysg yr apostolion.

- Mae llawer o arweinwyr Cristnogol wedi ymgyrchu yn erbyn gwahaniaethu o bob math (e.e. Martin Luther King Jr, yr Esgob Trevor Huddleston, yr Archesgob Desmond Tutu).

- Mae gwahaniaethau rhwng enwadau o ran ordeinio menywod.

- Mae dynion a menywod yn gyfartal gerbron Duw (e.e. Gal. 3:28).

Bwdhaeth:

- Dylai pawb gael eu trin yn gyfartal, oherwydd mae'n bosibl i bawb gael goleuedigaeth.

- Yn ôl dysgeidiaeth Fwdhaidd mae angen dangos caredigrwydd (*meta*) tuag at bawb.

- Rhith ydy hil, rhyw, cyfoeth a statws, a phopeth sydd yn gwahanu pobl, ac maen nhw'n gamarweiniol.

- Mae gan rai traddodiadau Bwdhaidd leianod.

- Mae'n beth arferol i fenywod gymryd rhan ym mhob agwedd ar wasanaethu, gweithio neu weithredu mewn Bwdhaeth.

Hindŵaeth:

- Dylai pobl, beth bynnag fo'u hil, rhyw neu statws mewn bywyd, gael eu trin â diniweidrwydd (*ahimsa*).

- Mae gan fenywod ran allweddol i'w chwarae wrth arwain addoliad yn y cartref, yn enwedig wrth gyflawni *puja*.

- Yn ôl Cyfreithiau Manu, mae menywod yn cael eu cynnal gan wŷr neu feibion, felly does dim angen eu heiddo eu hunain arnyn nhw.

- Mae Cyfansoddiad India yn cydnabod statws cyfartal i fenywod a dynion.

Islam:

- Allah sydd wedi creu pob bod dynol, ac mae dynion a menywod yn gyfartal gerbron Allah.
- Rhoddodd y Proffwyd Muhammad esiampl o barchu menywod a'r rhai sydd mewn angen.
- Mae gweithredoedd a symboliaeth gweddïau dyddiol yn dangos bod yr addolwyr yn gyfartal, gan eu bod i gyd yn sefyll gyda'i gilydd.
- Mae'r frawdoliaeth, neu *Ummah*, yn bodoli ar draws pob cenedl, hil, rhyw a diwylliant.
- Caiff menywod hawliau neu warchodaeth arbennig (e.e. sicrhau nad oes neb yn aflonyddu'n rhywiol arnyn nhw; derbyn gofal pan fyddan nhw mewn poen/ar adegau anodd; gwneud darpariaeth ar eu cyfer; gwisgo'r *hijab* i gadw gwyleidd-dra).

Iddewiaeth:

- Duw wnaeth bob bod dynol, ac mae gan bawb gyfrifoldeb tuag at Dduw.
- Bydd gwlad Israel yn derbyn Iddewon o bob cenedl, hil a chefndir.
- Mae seremonïau crefyddol yn y cartref yn aml yn cael eu harwain gan fenywod, e.e. dechrau *Shabbat*.
- Yn y traddodiad Uniongred, mae menywod yn cael eu gwahanu oddi wrth ddynion yn y synagog, a dydyn nhw ddim yn cael bod yn *rabbi*.
- Yn hanes yr Iddewon, mae menywod yn ogystal â dynion wedi bod mewn safleoedd pwysig mewn cymdeithas.
- Trwy linach y fenyw y mae hunaniaeth Iddewig yn cael ei throsglwyddo.

Sikhiaeth:

- Mae pob bywyd yn perthyn i Dduw ac felly mae cyfle i bawb ailuno â Duw, o bob cenedl, hil neu ryw.
- Mae dynion a menywod yn cael gwisgo'r 5 K ar ôl cael eu derbyn (*Amrit Sanskar*), ac mae dynion yn cymryd yr enw 'Singh' (llew), a menywod yr enw 'Kaur' (tywysoges).
- Mae croeso i bawb ddod i'r *langar* (y gegin gymunedol) mewn *gurdwaras*, ac maen nhw'n cael bwyta gyda phawb arall.
- Mae dynion a menywod yn cymryd rhan yn y seremonïau a'r defodau, a'r darlleniadau o'r Guru Granth Sahib yn y *gurdwara*.

Cwestiwn gwerthuso

Isod mae cwestiwn gwerthuso, ac o'i gwmpas mae gosodiadau sy'n gysylltiedig â'r cwestiwn. Mewn parau, rhannwch y gosodiadau'n rhai o blaid y prif osodiad, a'r rhai yn ei erbyn. Pan fyddwch wedi cytuno, dewiswch y rhai sy'n cynnwys materion neu syniadau crefyddol a moesol. Defnyddiwch rhain, ynghyd â'r wybodaeth yn y siart dysgeidiaeth grefyddol, i ysgrifennu ateb llawn a chyflawn i'r cwestiwn gwerthuso.

Mae llawer o gredinwyr crefyddol yn meddwl bod pob bod dynol yn gyfartal waeth beth fo'u hil, crefydd, rhyw neu allu, oherwydd mai Duw sydd wedi eu creu.

Mae rhai crefyddau yn dysgu nad pethau fel hil, rhyw, cyfoeth, statws a chenedligrwydd yw'r pethau pwysicaf mewn bywyd.

Mae llawer o arweinwyr/sylfaenwyr crefyddol wedi rhoi esiamplau da o drin eraill yn gyfartal ac yn drugarog, ac yn ystyriol.

Dyw'r ffaith fod gan bobl agweddau, hofferau a sgiliau gwahanol ddim yn golygu y dylen nhw gael eu trin yn wahanol.

Mae rhai pobl yn ymddwyn mewn ffyrdd sy'n achosi caledi, poen a hyd yn oed dioddefaint i bobl ddiniwed. Mae'n rhaid eu cosbi fel nad yw eraill yn dilyn eu hesiampl.

> " Mae pob bod dynol yn haeddu cael ei drin yn gyfartal ac yn deg. "

Ydych chi'n cytuno? Rhowch resymau neu dystiolaeth i gefnogi eich ateb, gan ddangos eich bod wedi meddwl am fwy nag un safbwynt, a'ch bod wedi cynnwys credoau, dysgeidiaethau ac arferion crefyddol yn eich ymateb.

Mae gan bob unigolyn a phob grŵp o bobl rannau arbennig i'w chwarae mewn bywyd; mae hynny'n golygu y dylen nhw gael eu parchu.

Weithiau mae pobl yn dewis dilyn llwybr sy'n golygu eu bod yn cael eu trin yn annheg, ond eu bai nhw ydy hynny, nid bai pobl eraill.

Pan fydd pobl yn credu mai Duw yw ffynhonnell pob bywyd a chreawdwr dynoliaeth, mae'r hyn yw pobl yn bwysicach na'r hyn maen nhw'n ei wneud.

Os bydd pawb yn cael maddeuant am rywbeth maen nhw wedi'i wneud yn anghywir, ac yn cael cyfle newydd, fe fydd gormod o bobl sydd ddim yn dysgu'r gwersi, a fydd cymdeithas ddim yn newid.

Mae'r rhan fwyaf o bobl yn gwybod beth sy'n iawn, ond yn dewis gwneud y peth anghywir, felly dylen nhw ddioddef canlyniadau eu dewis.

Rhoi diwedd ar wahaniaethu ar sail rhyw

Mae'r math hwn o wahaniaethu yn digwydd pan mae pobl yn cael eu trin yn annheg oherwydd eu rhyw. Mae gwahaniaethu ar sail rhyw neu rywedd yn gallu digwydd yn erbyn menywod, dynion a phobl drawsrywiol. Mae hefyd yn gallu digwydd oherwydd bod rhywun yn briod neu mewn partneriaeth sifil.

Mae'r Comisiwn Cydraddoldeb a Hawliau Dynol yn awgrymu bod gwahaniaethu ar sail rhyw yn gallu digwydd yn y sefyllfaoedd isod:

yn y gwaith

mewn addysg

fel defnyddiwr

mewn gwasanaethau cyhoeddus

GWEITHGAREDD 10

Mewn grwpiau o bedwar, dewiswch un o'r sefyllfaoedd uchod, a rhestru'r math o wahaniaethu rydych chi'n meddwl allai ddigwydd yn y sefyllfa honno. Ar ôl rhai munudau, ymunwch â grŵp arall sy'n trafod **yr un** sefyllfa, a chymharu eich enghreifftiau. Pan fyddwch wedi cytuno arnynt, cymharwch eich enghreifftiau â'r siart isod. Yna paratowch gyflwyniad ar wahaniaethu ar sail rhyw yn y sefyllfa rydych wedi bod yn gweithio arni a rhannu hyn gyda gweddill y dosbarth.

Mae'r gyfraith yn cydnabod pedwar math o wahaniaethu ar **sail rhyw yn y gwaith**:

1. Gwahaniaethu uniongyrchol – trin menywod yn llai ffafriol na dynion (neu drin dynion yn llai ffafriol na menywod) oherwydd eu rhyw.

Enghraifft 1
Mae cyflogwr yn symud menyw o'i swydd yn erbyn ei hewyllys am ei bod yn cael perthynas gyda chydweithiwr. Os nad ydy'r cyflogwr yn trosglwyddo dynion sydd mewn sefyllfa debyg, gall hynny fod yn wahaniaethu uniongyrchol ar sail rhyw.

Enghraifft 2
Mae ysbyty yn mynnu bod rhywun arall yn bresennol (*chaperone*) bob tro mae nyrs sy'n ddyn yn gweld cleifion. Os nad oes raid i rywun arall fod yn bresennol gyda nyrs sy'n fenyw, gall hynny fod yn wahaniaethu uniongyrchol ar sail rhyw.

2. Aflonyddu rhywiol – ymddygiad annerbyniol, sy'n digwydd dim ond oherwydd bod rhywun yn ddyn neu'n fenyw. Bwriad neu effaith yr ymddygiad ydy tarfu ar urddas yr unigolyn, neu mae'n creu amgylchedd sy'n peri dychryn neu elyniaeth, neu mae'n diraddio neu'n bychanu'r fenyw (neu'r dyn) neu'n ei sarhau.

'Menyw ydw i ac rwy'n drydanydd dan brentisiaeth, a dynion ydy fy nghydweithwyr i gyd. Er bod fy ngwaith o safon uchel, rwy'n teimlo bod fy mhennaeth yn fy meirniadu drwy'r amser ac yn gweiddi arna i, ond dyw e ddim yn bwlio'r dynion yn yr un ffordd. Mae dyn wedi dechrau gweithio fel prentis ac mae'n cael llawer iawn mwy o hyfforddiant a help unigol. Fe ofynnais i am yr un hyfforddiant, oherwydd bod ei angen e arna i er mwyn i mi gwblhau fy mhrentisiaeth. Ond galwodd fy mhennaeth fi yn 'ferch fach ddwl' a dweud os nad ydw i'n gallu gwneud y gwaith yn iawn, y dylwn adael.'

3. Gwahaniaethu anuniongyrchol – lle mae cyflogwr yn defnyddio amod, maen prawf neu arfer cyfartal ar gyfer menywod a dynion, sy'n rhoi un ohonynt dan anfantais annheg.

Mae cyflogwr yn dweud bod yn rhaid i ymgeiswyr am swydd fod dros chwe throedfedd o daldra, er na fyddai hyn yn effeithio ar allu'r unigolyn i wneud y gwaith. Byddai hyn yn wahaniaethu anuniongyrchol yn erbyn menywod, oherwydd byddai'n fwy anodd iddyn nhw gyflawni'r amod yma.

4. Erledigaeth – pan mae unigolyn yn cael ei drin yn llai ffafriol nag eraill am iddo wneud cwyn o wahaniaethu neu gefnogi rhywun arall i wneud cwyn. Neu mae'n gallu digwydd pan nad yw rhywun yn cael hyfforddiant neu ddyrchafiad, neu'n cael ei symud o'r lle gwaith arferol am fod yn rhan o gŵyn o wahaniaethu ar sail rhyw.

Mae gwahaniaethu ar sail rhyw hefyd yn gallu digwydd yn y meysydd hyn:
- Beichiogrwydd a mamolaeth
- Cyflog cyfartal
- Aflonyddu rhywiol
- Oriau gwaith cyfeillgar i deuluoedd
- Gwaith rhan-amser
- Recriwtio a dewis
- Diswyddo a cholli swydd
- Perthynas yn y gwaith
- Rheolau gwisg yn y gwaith

B Mae **gwahaniaethu ar sail rhyw mewn addysg** yn gallu digwydd mewn sawl ffordd, er enghraifft:

1. Gwahaniaethu uniongyrchol ar sail rhyw
Mae ysgol gymysg yn ceisio cadw cydbwysedd rhwng bechgyn a merched yn yr ysgol trwy dderbyn un rhyw ac nid y llall pan mae nifer cyfyngedig o leoedd. Mae hyn yn debyg o fod yn wahaniaethu uniongyrchol ar sail rhyw ac yn torri'r gyfraith.

2. Gwahaniaethu anuniongyrchol ar sail rhyw
Mae gwahaniaethu anuniongyrchol ar sail rhyw yn digwydd pan mae amod neu ofyniad ar gyfer derbyn rhywun ar gwrs neu i sefydliad yn berthnasol yn yr un modd i ymgeiswyr gwrywaidd a benywaidd cyfartal ond, mewn gwirionedd, mae llai o lawer o un rhyw yn gallu cydymffurfio â'r amod neu'r gofyniad.

3. Aflonyddu
Mae'n anghyfreithlon i gorff llywodraethu sefydliad addysg bellach neu uwch

aflonyddu ar rywun sy'n fyfyriwr yn y sefydliad neu sydd wedi gwneud cais i gael ei dderbyn i'r sefydliad.

Byddai hyn yn wir hefyd pe byddai rhywun sy'n cael ei gyflogi gan y coleg yn aflonyddu ar rywun, oherwydd mae'n debyg y byddai'r coleg yn atebol am weithredoedd yr aflonyddwr.

Mae aflonyddu'n cael ei ddiffinio fel naill ai:
ymddygiad annerbyniol o natur rywiol, sy'n tarfu ar urddas yr unigolyn, neu sy'n creu amgylchedd sy'n peri dychryn neu elyniaeth iddynt, neu sy'n eu diraddio neu'n eu bychanu neu'n eu sarhau; neu
ymddygiad annerbyniol sy'n digwydd oherwydd rhyw rhywun ac sy'n cael yr un effaith. Does dim rhaid i hyn fod yn rhywiol ei natur a gallai, er enghraifft, gynnwys bwlio os ydy'r unigolyn yn credu na fyddai'r aflonyddwr yn trin rhywun o'r rhyw arall yn yr un ffordd.

 C

Gwahaniaethu ar sail rhyw fel defnyddiwr.

Rhaid i nwyddau neu wasanaethau sydd ar gael i'r cyhoedd gael eu darparu mewn modd sydd ddim yn gwahaniaethu yn annheg ar sail rhyw.

- gwrthod rhoi gwasanaeth i rywun
- rhoi gwasanaeth o safon is i rywun
- rhoi gwasanaeth i rywun ar delerau gwaeth

Yn dibynnu ar yr amgylchiadau, gall hyn fod yn wahaniaethu uniongyrchol neu anuniongyrchol.

Gwahaniaethu uniongyrchol ar sail rhyw

Enghraifft:

Mae landlord preifat sy'n cynnig tŷ i'w rannu ar rent yn gofyn am flaendal uwch gan grwpiau o ddynion na grwpiau o fenywod. Mae hyn yn debygol o fod yn wahaniaethu uniongyrchol anghyfreithlon ar sail rhyw.

Gwahaniaethu anuniongyrchol ar sail rhyw

Enghraifft:

Mae darparwr morgeisi (cwmni sy'n benthyca arian i bobl i brynu tŷ) yn gwrthod rhoi morgais i bobl os ydyn nhw'n gweithio'n rhan-amser. Oherwydd bod y rhan fwyaf o weithwyr rhan-amser yn fenywod, mae hyn yn debygol o fod yn wahaniaethu anuniongyrchol ar sail rhyw.

 Ch

Gwahaniaethu ar sail rhyw mewn gwasanaethau cyhoeddus

Pan mae corff cyhoeddus yn darparu nwyddau neu wasanaethau, mae'n rhaid iddyn nhw eu darparu mewn ffordd sydd ddim yn gwahaniaethu'n annheg ar sail rhyw.

Yn ogystal â'r gofyniad cyfreithiol hwn i beidio gwahaniaethu, o dan Ddyletswydd Cydraddoldeb y Sector Cyhoeddus mae gan gyrff cyhoeddus gyfrifoldebau eraill hefyd i hybu cydraddoldeb.

Mae gwahaniaethu ar sail rhyw mewn gwasanaethau sy'n cael eu darparu gan gyrff cyhoeddus yn gallu digwydd mewn meysydd fel:

- darparu gwasanaethau trafnidiaeth
- darparu triniaeth neu feddyginiaeth i ddynion a menywod, a'r gwasanaethau iechyd sydd ar gael i ddynion a menywod
- darparu llety fel tai, llochesi, ac ati.

Gwahaniaethu uniongyrchol ar sail rhyw

Gall enghreifftiau gynnwys:

1. Gofyn cwestiynau i fenyw am ofal plant mewn cyfweliad nad ydynt yn cael eu gofyn i ddynion.
2. Trin menyw yn anffafriol am ei bod yn feichiog.

Gwahaniaethu anuniongyrchol ar sail rhyw

Lle mae amod neu ofyniad yn cael ei osod yn gyfartal ar fenywod a dynion, sy'n effeithio'n negyddol ar un rhyw ac sydd ddim yn wirioneddol angenrheidiol, gall hyn fod yn wahaniaethu anuniongyrchol ar sail rhyw.

Dyma rai enghreifftiau:

1. Gosod cyfyngiad taldra ar swydd
2. Dweud bod yn rhaid i bob gweithiwr weithio'n llawn-amser.

GWEITHGAREDD 11

a) Mae gan bob crefydd ddysgeidiaeth am sut i drin pobl eraill, p'un a ydyn nhw o ryw gwahanol, neu o grŵp neu hil wahanol. Edrychwch ar y siart Dysgeidiaeth Grefyddol Allweddol ar dudalennau 18 ac 19.

   (i) Gwnewch ddiagram Venn i grynhoi agweddau a dysgeidiaeth tair crefydd wahanol ynglŷn â dynion a menywod.

   (ii) Lluniwch gynllun tri phwynt i leihau gwahaniaethu ar sail rhyw yn ein cymdeithas heddiw. Defnyddiwch amlinelliad symbolaidd ar gyfer eich tri cham.

Unwaith eto, mae'n ddefnyddiol cyfeirio'n ôl at deitl y llyfr hwn, 'Pregethu ac Arfer', a meddwl eto am y ffordd mae pobl weithiau'n dweud eu bod yn credu yn rhywbeth (er enghraifft, bod gwahaniaethu yn anghywir), ond wedyn yn byw eu bywydau yn wahanol (ac yn gwahaniaethu yn erbyn grŵp).

Nid yw rhagfarn a gwahaniaethu yn annog cytgord a hapusrwydd – fel arfer maen nhw'n arwain at niwed, anhapusrwydd a chwalu cymdeithas. Mae unrhyw gymuned sy'n gallu dathlu cryfderau ac amrywiaeth ei haelodau fel arfer yn gallu ymdopi â gwendidau neu ddiffygion yr union aelodau hynny.

Dathlu teulu'r byd

Efallai eich bod wedi gwneud arbrawf gwyddoniaeth sy'n dangos bod golau cyffredin wedi ei ffurfio o haenau o liw y gallwch eu gwahanu. Os cewch gyfle, ceisiwch wneud yr arbrawf i chi gael gweld drosoch eich hun. Mae'r diagram isod yn dangos beth sy'n digwydd.

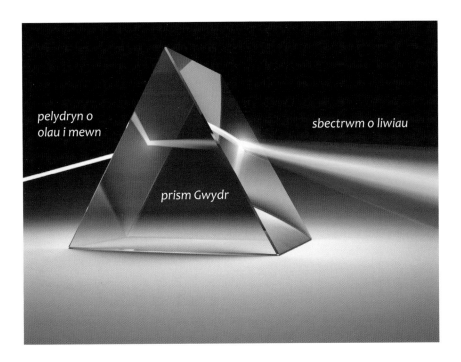

pelydryn o olau i mewn

sbectrwm o liwiau

prism Gwydr

GWEITHGAREDD 12

Mewn grwpiau o dri, gan ddefnyddio diagram fel yr un uchod, dangoswch sut mae pob bod dynol, er bod eu hil, diwylliant, arferion ac ieithoedd yn wahanol, yn rhan o un teulu dynol y byd. Pan fyddwch wedi perffeithio eich diagram, gwnewch fersiwn mwy ohono gan ddefnyddio paent /peniau ffelt /gludwaith neu raglen graffeg. Gwnewch arddangosfa yn y dosbarth o'r hyn rydych wedi ei greu, a meddyliwch fel dosbarth am deitl i'r arddangosfa.

Mae mor hawdd meddwl bod arferion a thraddodiadau cenhedloedd a diwylliannau eraill yn ddieithr ac yn hollol wahanol. Ac eto, yn y bôn, mae pawb yn perthyn i'r un cyfansoddiad dynol, ac yn byw ar yr un blaned.

Pobl yw pawb, waeth beth yw eu lliw, iaith, traddodiad, dillad, hoff a chas bethau; pobl ydynt sydd angen caru a chael eu caru, sydd ag anghenion a hawliau, ac sydd eisiau'r gorau i'w plant a'u teuluoedd a'u ffrindiau.

Pan fyddwn yn dechrau deall hyn, mae'n ei gwneud yn fwy tebygol o lawer y bydd hi'n bosibl cael gwared ar hiliaeth, gwahaniaethu ar sail rhyw ac agweddau gelyniaethus eraill. Y broblem yw, os ydyn ni'n meddwl am ddim ond ein cenedl ni ein hunain a'r rhai sy'n bartneriaid i ni, rydyn ni'n colli cymaint.

Mae llawer o bobl wedi dweud bod teulu dynol y byd yn debyg i jigso, wedi ei ffurfio o lawer o wahanol siapiau, lliwiau a meintiau, ond gyda phawb gyda'i gilydd yn cyfrannu at y darlun cyflawn. Does dim un darn o'r jigso yn bwysicach na'r llall. Ac os oes un darn ar goll, dyw'r darlun ddim yn gyflawn.

Yn yr un modd, pan nad ydy un genedl, neu ddiwylliant, neu bobl yn cael eu gwerthfawrogi na'u cynnwys, mae hynny'n effeithio ar 'gyfanrwydd' dynoliaeth, ac mae'r byd yn anghyflawn.

Yn ôl yn y 1700au, dywedodd yr Almaenwr George Lichtenberg, ffisegydd a dychanwr (rhywun sy'n ysgrifennu mewn ffordd sy'n gwneud hwyl am ben pobl, sefydliadau a llywodraethau):
"Ym mhob un ohonom mae ychydig bach o bawb."

Ym mhob un ohonom mae ychydig bach o bawb.

– George Lichtenberg

Meddyliwch am osodiad Lichtenberg, ac am yr hyn rydych wedi ei ddarllen yn yr adran hon.

Ysgrifennwch eich atebion i'r cwestiynau hyn:
- Beth, yn eich barn chi, oedd Lichtenberg yn ei olygu?
- I ba raddau ydych chi'n cytuno neu'n anghytuno ag ef?
- I ba raddau ydych chi'n meddwl y gallai ei osodiad helpu i leihau gwahaniaethu?
- Sut gallai ei osodiad gael ei ddefnyddio'n well i wneud i bobl feddwl mwy am eu hagweddau tuag at eraill?

Crynhoi: Ai fi sydd i fod i ofalu am fy mrawd?

Dechreuon ni'r uned hon â'r cwestiwn, 'Ai fi sydd i fod i ofalu am fy mrawd?' Rydym wedi meddwl am gyfrifoldeb a bai. Yng nghyd-destun y ffordd rydyn ni'n trin eraill, mae hyn yn bwysig, yn union fel y mae ein persbectif, oherwydd dyna sy'n effeithio ar y ffordd rydyn ni'n meddwl am eraill ac felly yn eu trin.

Wedi ystyried y rhesymau pam mae rhai pobl yn trin eraill yn wahanol neu yn annheg, fe fuon ni'n ystyried dysgeidiaeth grefyddol am le dynoliaeth yn y byd. Fe wnaethon ni droi ein sylw at hiliaeth, a sut i weithio i gael gwared ar hiliaeth o'n cymdeithas.

Unwaith eto, rydyn ni wedi gwerthuso dysgeidiaeth grefyddol allweddol, a meddwl am wahaniaethu ar sail rhyw a ffyrdd o ymdrin â hynny hefyd.

Yn olaf, fe fuon ni'n meddwl am sut i ddathlu amrywiaeth y natur ddynol, ac yn ceisio deall bod pob hil, diwylliant, iaith a chenedl yn ffurfio'r teulu dynol – mae pob un yr un mor bwysig ac mae angen rhoi'r un gwerth arnyn nhw.

A	gor
M	eddyliau i
R	oi gwerth ar
Y	r holl unigolion
W	aeth beth am
I	aith neu
A	llu,
E	thnigrwydd a
Th	arddiad.

Gwybodaeth i gefnogi

GWEITHGAREDD 4

1) Mewn parau, cymerwch funud i awgrymu beth allai'r tri math yma o stori fod wedi bod; nodwch eich syniadau ar bapur.

   storïau am grefydd a diwylliant / storïau am derfysgaeth / storïau am eithafiaeth.

2) Nawr dyfalwch sut roedd y 67% o storïau wedi eu rhannu rhwng y tri math o stori.

   36% o'r storïau am derfysgaeth, 20% am faterion crefyddol a diwylliannol ac 11% am eithafiaeth Fwslimaidd. Diddorol yw nodi mai dim ond 5% oedd yn storïau lle'r oedd pobl Fwslimaidd yn dioddef ymosodiadau.

3) Ysgrifennwch beth ydych chi'n meddwl mae'r canlyniadau hyn yn ei ddweud wrthych am y cyfryngau. A yw'n wir, yn eich barn chi, fod 36% o'r 2 filiwn o Fwslimiaid ym Mhrydain yn derfysgwyr?

   Na, dim hyd yn oed 0.1%, yn ôl y llysoedd.

PWY YW FY NGHYMAR?

Pwy yw fy nghymar?

Ymdrin â chwestiynau sylfaenol:

Oes angen cymar rhywiol ar bawb?

Oes ots sawl cymar rhywiol sydd gan rywun?

Pwy yw fy 'nghymar', a phwy yw fy 'nghymydog'?

Archwilio Credoau	Dysgeidiaeth	ac Arferion
• Credoau crefyddol am ryw, priodas a bywyd teuluol; • Credoau crefyddol am le a phwrpas dynoliaeth ar y ddaear.	• Dysgeidiaeth grefyddol am berthynas rywiol a bywyd teuluol; • Agweddau tuag at ymataliaeth rywiol, diweirdeb, ffyddlondeb, tueddiad rhywiol, llacrwydd rhywiol.	• Pwysigrwydd ymrwymiad a ffyddlondeb mewn perthynas; • Cariad, tosturi a bod yn gadarnhaol mewn perthynas.

Mynegi:

Gan ddefnyddio'ch barn eich hun yn ogystal â'r hyn rydych wedi'i ganfod...

Pa mor bwysig yw perthynas mewn bywyd dynol?

Pa le sydd i rywioldeb mewn bywyd dynol?

Beth yw agweddau crefydd at bob perthynas ddynol?

Perthynas mewn bywyd dynol

Mae perthynas yn rhan naturiol o fywyd dynol. Rydym i gyd yn ymwneud ag eraill – trwy'r teulu y cawsom ein geni iddo, y bobl rydym yn byw ac yn cymysgu â nhw, a'r llefydd rydym yn mynd iddyn nhw yn rheolaidd. Mae'n debyg mai'r perthnasoedd mwyaf cyfarwydd i ni yw'r rheiny gyda'n teulu.

GWEITHGAREDD 14

Mapiwch y berthynas deuluol sylfaenol sydd gan y rhan fwyaf o bobl, ar ffurf siart pry cop yn hytrach nag ar ffurf llinell deulu. Defnyddiwch y diagram isod i'ch helpu i wneud eich diagram eich hun.

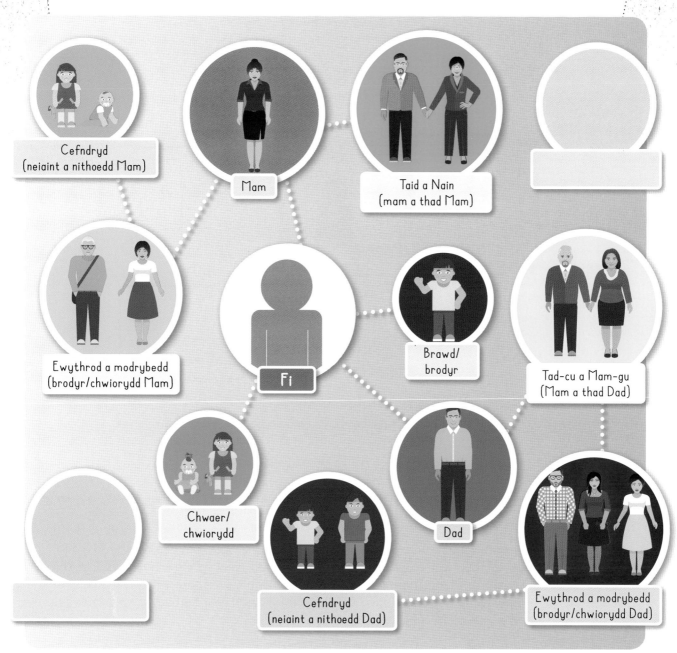

Mae'r rhain yn berthnasoedd pwysig i ni, am mai teulu ydyn nhw. Ond nid dyma'r unig berthnasoedd sydd gennym, ac weithiau gall ein perthnasoedd eraill fod yn fwy rheolaidd a bron yn bwysicach i ni – efallai oherwydd bod aelodau'r teulu yn byw mewn gwahanol rannau o'r wlad, ac nad ydym felly ond yn eu gweld ar achlysuron teuluol arbennig, fel bedydd, priodas neu angladd, neu ar wyliau neu dymhorau arbennig.

Defnyddiwch ddiagram fel yr un isod, a gwneud rhestr o'r perthnasoedd sydd yn wirioneddol bwysig i chi. Dangoswch pa rai sydd bwysicaf i chi, am ba bynnag reswm, trwy dynnu llinell goch drwchus rhyngoch chi a nhw. Ar gyfer rhai eraill, sydd yn bwysig ond ychydig yn llai arwyddocaol, ychwanegwch nhw fel rhestr ar hyd gwaelod eich diagram, gan ddangos perthynas deuluol mewn glas.

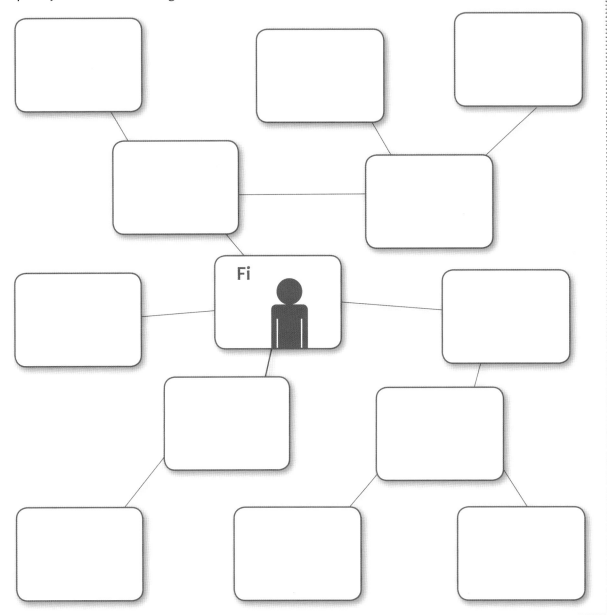

Ond yn ogystal â'r perthnasoedd sy'n wirioneddol bwysig i ni, mae gennym berthnasoedd eraill hefyd. Mae lle'r ydym yn byw a lle rydym yn mynd bob dydd, pa ysgol rydym yn mynd iddi, ac ym mha ddosbarth rydyn ni yn yr ysgol honno i gyd yn cynnwys pobl y mae gennym gysylltiad o ryw fath â nhw. Maen nhw'n effeithio ar ein diwrnod, ar sut hwyl gawn ni ar bethau, ac yn dylanwadu arnom mewn llawer o wahanol ffyrdd.

Ceisiwch feddwl am yr holl wahanol bobl, ar wahân i deulu a ffrindiau agos, rydych chi'n dod i gysylltiad â nhw'n rheolaidd yn eich bywyd bob dydd. Awgrymwch ffyrdd maen nhw'n dylanwadu neu yn effeithio arnoch, gan ddefnyddio siart fel yr un isod.

FY MHERTHNASOEDD 'LLEOL'

Pwy:	Sut maen nhw'n effeithio/dylanwadu arna i
Cymdogion drws nesaf	
Athro/athrawon	
Rhieni fy ffrind gorau	
Siopwr lleol	
Postmon (sy'n dod â'ch post)	

deintydd

meddyg

gweinidog/offeiriad

aelodau / hyfforddwr clwb chwaraeon

gyrrwr bws ysgol

Allwch chi feddwl am rai eraill?

Mae'r holl berthnasoedd hyn yn rhoi ystyr a phwrpas i'n bywydau; maen nhw'n cael effaith ar y ffordd rydym yn ymddwyn a'r hyn rydym yn ei wneud. Ac fel y gwelsom yn yr uned ddiwethaf, mae hyn fel bod yn rhan o un teulu dynol mawr. Ar un ystyr, rydym i gyd yn perthyn, gan mai bodau dynol ydyn ni i gyd, yn byw mewn cymuned gyda'n gilydd.

Weithiau, dim ond pan mae trychineb yn digwydd y mae cryfder perthnasoedd cymunedol yn dod yn amlwg, neu yn ystod digwyddiad sy'n gwneud i'r gymdeithas gyfan gydweithio a chynnal ei gilydd – hyd yn oed pobl sydd ddim fel arfer yn dod i gysylltiad â'i gilydd rhyw lawer.

Defnyddiodd y bardd o oes Elisabeth, John Donne, ymadrodd a ddaeth yn boblogaidd iawn. "No man is an Island," meddai. Roedd yn ceisio gwneud i'w ddarllenwyr sylweddoli bod angen pobl

> Nid oes yr un dyn yn ynys gyflawn ynddo'i hun; mae pob dyn yn rhan o'r cyfandir, yn rhan o'r undod; os golchir darn o dir i ffwrdd gan y môr, bydd Ewrop yn llai, yn gymaint â phe bai pentir wedi ei olchi i ffwrdd, yn gymaint a phe bai hynny yn digwydd i unrhyw rai o'th gyfeillion di neu minnau; mae marwolaeth unrhyw ddyn yn fy lleihau innau, oherwydd fy mod i'n rhan o'r ddynol ryw.
> A phaid byth â holi felly i bwy y mae'r gloch yn canu; y mae'n canu i ti.
>
> *John Donne*

eraill ar bob person er mwyn byw bywyd llawn, a bod beth bynnag sy'n digwydd i'r bobl o'n cwmpas hefyd yn effeithio arnom ni.

Mewn ffordd arall, mae geiriau John Donne yn ein hatgoffa bod angen i ni gael perthynas gyda phobl eraill, yn dda neu'n ddrwg, er mwyn bod yn ddynol, oherwydd does neb yn gallu byw fel bod dynol yn llwyr ar wahân. Mae angen pobl eraill arnom i gyfathrebu â nhw, i gydweithio ar bethau, ac i rannu gorfoledd a phoen byw a bod.

A dyna pam mae ein teulu agos, ein ffrindiau a'n cydweithwyr (yn yr ysgol neu yn y gwaith), a'r bobl rydyn ni mewn cysylltiad rheolaidd â nhw mor bwysig i'n lles, ein hapusrwydd a'n teimlad o gyflawni.

Yn 1967, canodd y Beatles gân dan y teitl 'All You Need is Love' oedd yn awgrymu rhywbeth tebyg: beth bynnag arall sy'n digwydd mewn bywyd, yr hyn sy'n bwysig yw caru, a chael eich caru gan eraill.

Roedd yn gân hynod boblogaidd, ac aeth i frig y siartiau ledled y byd. Un o'r rhesymau pam roedd hi mor boblogaidd oedd nid yn unig mai cân gan y Beatles oedd hi, ond roedd ganddi neges syml a chlir oedd yn hawdd ei deall; cân roedd pawb yn gallu ei deall, pwy bynnag oedden nhw a lle bynnag roedden nhw'n byw.

Ewch i http://www.azlyrics.com/lyrics/beatles/allyouneedislove.html i weld y geiriau.

Ac efallai mai rhan o'r rheswm ei bod mor hawdd ei deall yw ei bod yn mynegi gwirionedd rydyn ni i gyd yn y pen draw yn ei ddeall: bod angen i ni gael ein caru a dangos cariad.

Y Beatles

Yn yr iaith Roeg, mae pedwar gair am y gair Cymraeg 'cariad'. Ac mae'n ffordd eithaf da o feddwl am y gwahanol 'lefelau' neu gategorïau o gariad.

στοργή

φιλία

Ἔρως

ἀγάπη

Edrychwch ar y swigod siarad, a cheisiwch roi'r gosodiadau mewn pedwar gwahanol gategori. Ar ôl i chi wneud hynny, ceisiwch roi diffiniad o bob un o'r pedwar categori rydych wedi eu dewis.

Rwy'n caru fy nghi, Lara; mae mor gariadus.

Mae fy ffrind Janet a minnau yn gyfeillion oes: rydym yn caru bod gyda'n gilydd.

Mae'r cariad mae 'ngwraig a minnau yn teimlo tuag at ein gilydd yn arbennig iawn.

Mae ffrind yn gwybod popeth amdanoch ond yn eich caru er gwaethaf hynny.

Mae Iesu yn galw ar ei ddilynwyr i garu pobl yn ddiamod.

Mae cariad teulu yn gryfach na dim arall.

Cariad yw dau unigolyn yn rhannu eu cyrff gyda'i gilydd, yn rhoi yn llwyr.

Rwy'n caru'r tedi-bêr oedd gen i pan oeddwn yn fabi – fuaswn i byth bythoedd yn cael gwared ohono!

Mae maddeuant mewn gwirionedd yn fath o gariad – un heb derfynau.

Mae rhyw yn fwy na dim ond rhywedd, neu genhedlu, mae'n weithred o gariad.

στοργή	storge (store-gei)	*Hoffter neu gariad at anifeiliaid a phethau; cariad sentimental*	
φιλία	philia (Phil-i-a)	*Cariad teulu a ffrindiau; cariad sy'n fwy na dim ond hoffter – cwlwm cryfach rhwng pobl*	
Ἒρως	eros (aer-os)	*Cariad rhywiol; serch corfforol rhwng pobl, fel arfer o'r rhyw arall*	
ἀγάπη	agape (ahg-a-pei)	*Cariad heb ffiniau; cariad diamod, sy'n cael ei roi yn hael ac o wirfodd, heb ddal yn ôl*	

Mae hyn yn ein helpu i weld nid yn unig fod perthynas teulu a ffrindiau yn bwysig i ni, ond bod hoffter at bethau, ac at anifeiliaid, hefyd yn rhoi ffurf ac ystyr i'n bywydau. Yn yr un modd, mae perthynas rywiol, am fod bodau dynol yn fodau rhywiol, hefyd yn bwysig, a gall wneud gwahaniaeth mawr iawn i'r ffordd mae pobl yn teimlo amdanyn nhw eu hunain, am eraill, ac am fywyd yn gyffredinol.

Perthynas rywiol mewn crefydd

Oherwydd bod bodau dynol yn fodau rhywiol, mae eros, neu gariad agos (sef ystyr y gair Groegaidd) yn rhan naturiol o fywyd ar ôl cyfnod y glasoed. Mae'r ysfa rywiol, fel mae'n cael ei galw weithiau – yr awydd i gael rhyw gyda bod dynol arall – yn un o'r greddfau dynol sylfaenol.

Mae gan fodau dynol lawer o reddfau fel hyn – pethau sy'n digwydd yn naturiol, heb fod angen llawer o feddwl na dysgu. Mae baban newydd-anedig yn gwybod sut i anadlu, a bydd anadlu yn rhan naturiol o'i fywyd o'r eiliad y caiff ei eni. Weithiau, gall rhywun ddal ei wynt, ond fe ddaw adeg pan fydd y reddf ddynol yn ennill y dydd, a rhaid i'r unigolyn anadlu eto. Hefyd, mae babanod yn gwybod sut i sugno a llyncu; does dim rhaid eu dysgu – mae'n beth greddfol.

'Atgyrch' yw'r enw ar rai o'r pethau hyn yn y corff dynol, sef gweithredoedd nad oes angen meddwl amdanyn nhw, na chael cyfarwyddiadau gan yr ymennydd. Atgyrch yw pan fydd ysgogiad o'r nerfau yn mynd i fadruddyn y cefn, ac oddi yno mae signal 'awtomatig' yn cael ei anfon i'r cyhyrau i gyflawni gweithred. Mae'n digwydd yn syth, heb amser i feddwl. Un enghraifft o adwaith yw taro'n ysgafn yn union islaw padell y pen-glin pan fydd y goes wedi plygu fymryn; mae'r goes fel arfer yn adweithio trwy roi cic fach.

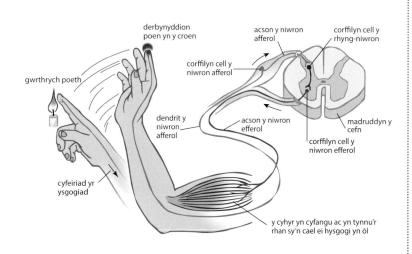

derbynyddion poen yn y croen

acson y niwron afferol

corffilyn cell y rhyng-niwron

gwrthrych poeth

corffilyn cell y niwron afferol

dendrit y niwron afferol

acson y niwron efferol

madruddyn y cefn

corffilyn cell y niwron efferol

cyfeiriad yr ysgogiad

y cyhyr yn cyfangu ac yn tynnu'r rhan sy'n cael ei hysgogi yn ôl

Enghraifft arall o hyn yw pan fydd rhywun yn cyffwrdd rhywbeth poeth heb sylweddoli ei fod yn boeth. Mae ei law yn neidio oddi wrth y gwres yn syth bin – adwaith greddfol. Mae'n gwneud hynny er mwyn ein cadw'n ddiogel. Ond hefyd mae unigolyn yn gallu prosesu'r wybodaeth yn ei ymennydd, a mynd yn groes i'r adwaith greddfol. Gall benderfynu gosod ei law ar y peth poeth, i weld pa mor hir y gall ei chadw yno.

Y tro yma, nid yw'r atgyrch yn gweithio – mae'r unigolyn yn gwybod bod y peth yn boeth, ac mae'n penderfynu rhoi ei law yno beth bynnag. Ymhen amser, wrth gwrs, os na fydd yn tynnu ei law i ffwrdd bydd y croen yn dechrau llosgi, a bydd yn rhaid iddo naill ai symud ei law oherwydd y boen, neu efallai y bydd yn llewygu, a thrwy hynny (gobeithio) bydd yn symud oddi wrth ffynhonnell y gwres sy'n niweidio'r corff.

Mae'r ysfa rywiol yn reddf naturiol. Mae'r awydd i uno'n gorfforol gydag unigolyn arall yn rhan ohonom, ac yn rhan o fywyd dynol. Ond mae'n wahanol i reddf anifeiliaid, yn enwedig mamaliaid, lle mae benyw'r rhywogaeth 'yn ei thymor'. Dyna pryd mae cyfathrach rywiol yn digwydd, a pheth biolegol ydy hyn yn bennaf; hynny yw, y prif nod ydy cenhedlu epil. Mewn bodau dynol, mae'r weithred rywiol yn fwy na dim ond rhywbeth biolegol – mae hefyd yn rhan o berthynas. Mae'n berthynas gorfforol, ond mae agweddau emosiynol cryf iddi hefyd. Mae llawer o grefyddau yn gweld dimensiwn ysbrydol i berthynas rywiol, oherwydd iddyn nhw y weithred rywiol yw'r math agosaf o berthynas. Ond mae hefyd yn un sydd yn golygu eich bod, er mwyn cael profiad gwirioneddol lawn, yn rhoi eich hun yn llwyr i rywun arall.

Oherwydd bod rhyw mor bwysig a'r ysfa mor gryf, mae gan bob crefydd ddysgeidiaeth am berthynas rywiol.

DYSGEIDIAETHAU CREFYDDOL ALLWEDDOL AM BERTHYNAS RYWIOL

Cristnogaeth

- dylai rhyw ddigwydd o fewn priodas
- rhodd gan Dduw ydy rhyw, ac felly mae'n sanctaidd ac yn gysegredig (ac felly mae angen ei gadw rhwng dau berson ar unrhyw un adeg/cyfnod ym mywyd rhywun)
- mae rhyw achlysurol felly yn annerbyniol, ac yn dibrisio dynoliaeth a rhyw fel ei gilydd

Mae gwahanol agweddau at berthynas rhwng yr un rhyw mewn Cristnogaeth.

Bwdhaeth

- mae angen rheoli rhyw, i osgoi dioddefaint
- yn gyffredinol, mae disgwyl i ryw ddigwydd o fewn priodas

Does dim datganiad swyddogol am berthynas rhwng yr un rhyw mewn Bwdhaeth.

Hindŵaeth

- dylai rhyw ddigwydd o fewn priodas yn unig
- pleser synhwyraidd (kama) yw un o bedwar nod bywyd

Mae gwahanol ddealltwriaeth o berthynas rhwng yr un rhyw mewn Hindŵaeth.

Islam

- dylai rhyw ddigwydd o fewn priodas yn unig
- mae rhyw yn cael ei weld fel gweithred o addoliad
- mae disgwyl i gyplau fodloni eu hanghenion ei gilydd

Mae perthynas rhwng yr un rhyw wedi ei gwahardd yn Islam.

Iddewiaeth

- dylai rhyw ddigwydd o fewn priodas yn unig
- rhyw yw'r olaf o dri cham priodas (cyflawniad)
- mae disgwyl i gyplau gynnal ei gilydd

Mae Iddewon Rhyddfrydol weithiau yn caniatáu perthynas rhwng yr un rhyw; nid yw Iddewon Uniongred yn caniatáu hynny.

Sikhiaeth

- dylai rhyw ddigwydd o fewn priodas yn unig
- mae trachwant yn cael ei ddisgrifio fel un o'r 'pum nwyd anfad'

Nid oes datganiad am berthynas rhwng yr un rhyw yn y Guru Granth Sahib.

(a) Fe welwch fod llawer o safbwyntiau'n gyffredin rhwng y crefyddau wrth drafod rhyw. Ceisiwch lenwi siart 'Cyferbyniadau' (fel yr un a ddangosir), gan gymharu'r safbwyntiau cyferbyniol canlynol, sef: i.) y dylai rhyw ddigwydd o fewn priodas yn unig; ii.) y gall rhyw fod gydag unrhyw un sy'n cydsynio. Bydd angen i chi ddefnyddio'r wybodaeth yn y tabl ar ddysgeidiaeth allweddol uchod a'r testun sy'n dod cyn y tabl.

(b) Pan fyddwch wedi llenwi eich siart, cymharwch hi â'r tabl 'Safbwyntiau cyferbyniol' ar dudalen 52, ac ysgrifennwch baragraff yn egluro pam, yn eich barn chi, mae crefyddau yn cymryd perthynas rywiol gymaint o ddifrif.

SAFBWYNTIAU CYFERBYNIOL: **PERTHYNAS RYWIOL**

Rhyw o fewn priodas yn unig:	Safbwynt allweddol:	Rhyw gyda phwy bynnag fynnwch chi:	Safbwynt allweddol:
rhoi eich hun yn llwyr i rywun arall		pwyslais ar yr emosiynau corfforol	
meddwl am anghenion a theimladau'r llall		boddhau anghenion personol yn bennaf	
addewid sydd yn cyfoethogi		dim addewidion a dim amodau	
mwy na dim ond gweithred gorfforol		dim mwy na gweithred gorfforol	
sefydlu hawliau a disgwyliadau clir		dim hawliau na disgwyliadau	

Rhowch y 'safbwynt allweddol' isod yn y lle cywir yn y tabl uchod:

Dathlu NWYD	Cryfhau'r DIMENSIWN YSBRYDOL
Dathlu LLAWENYDD	Amlygu RHYDDID
Amlygu YMRWYMIAD	Amlygu CYFRIFOLDEB
Amlygu BODDHAD	Cryfhau ANNIBYNIAETH
Atgyfnerthu RHYDDID	Atgyfnerthu'r CYFREITHIOL

(c) Mewn grwpiau o bedwar neu bump, defnyddiwch rai o'r syniadau isod i geisio meddwl am ymadroddion bachog sy'n dangos gwerth cadw rhyw o fewn priodas, ond sydd hefyd yn ei gysylltu ag agweddau eraill ar fyw a bod. Rhannwch eich syniadau gyda grwpiau eraill. Gwnewch arddangosfa yn y dosbarth o syniadau gorau pob grŵp.

"Paid â bwyta dy deisen Nadolig cyn dydd Nadolig."

"Paid ag agor dy anrheg pen-blwydd cyn diwrnod dy ben-blwydd."

"Pan fyddi wedi talu'n llawn am rywbeth, yna fe gei di ei gymryd."

"Cadw dy ddwylo ar lifar y brêc yn barod at pan fyddi ei angen!"

Ymdrin â rhyw mewn dynoliaeth

Fel y gwelsom yn gynharach, mae'r ysfa rywiol fel arfer yn reddf gref ym mhob bod dynol, ac felly mae cymdeithasau, diwylliannau a thraddodiadau dynol wedi meddwl am ffyrdd o ymdrin â'r ysfa a'i rheoli mewn cymunedau o bobl sy'n byw ac yn gweithio gyda'i gilydd. Weithiau, doedd pobl oedd yn uchel eu cloch am sut i drin rhyw ddim bob amser yn byw yn ôl yr hyn roedden nhw'n ei bregethu, sef pwnc trafod y llyfr yma. Ond dyw hynny ddim bob amser yn golygu nad oedd gwerth i'r hyn roedden nhw'n ei ddweud. Mae pawb yn gwneud camgymeriadau, ac weithiau gyda rhyw, oherwydd bod yr ysfa gorfforol mor gryf, mae pobl yn gallu cael eu dal wrth gymryd cam gwag.

Yn gyffredinol, ac mewn llawer o grefyddau, mae nifer o wahanol agweddau wedi eu datblygu i helpu unigolion i ymdopi â'u hysfa rywiol mewn modd adeiladol a chadarnhaol, yn hytrach na'i chloi i ffwrdd neu esgus na fydd byth yn anodd ei rheoli. Os na fydd pobl yn rheoli'r ysfa, gall arwain at yr hyn sy'n cael ei alw yn anlladrwydd (cysgu o gwmpas). Does dim moesoldeb yn gysylltiedig â hyn, a dim addewid i neb, ddim hyd yn oed i chi eich hun.

Bwriad pob un o'r agweddau a gafodd eu datblygu oedd atal hyn rhag digwydd, a gwneud yn siŵr bod pobl yn cael eu trin yn dda ac yn barchus, a'u gwerthfawrogi. Trwy hyn hefyd byddai plant yn cael eu geni i mewn i deuluoedd diogel lle maen nhw'n cael eu caru, yn teimlo bod pobl eu heisiau, ac yn gallu tyfu a datblygu fel bodau dynol cyflawn.

GWEITHGAREDD 19

Mae yma chwe cherdyn – mae geiriau neu ymadroddion ar dri ohonynt, a diffiniadau ar dri arall.

(1) Sut bynnag y gallwch, penderfynwch pa eiriau sy'n mynd gyda pha ddiffiniad. Pan fyddwch yn siŵr eich bod yn iawn, edrychwch mewn geiriadur neu holwch eich athro neu athrawes.

(2) Mae pob un o'r geiriau hyn yn fath o addewid. Penderfynwch addewidion i beth neu am beth ydyn nhw. Ysgrifennwch eich syniadau.

Trafodwch eich gwahanol syniadau fel grŵp neu fel dosbarth.

DIWEIRDEB	Peidio â chael perthynas rywiol cyn priodi, oherwydd bod rhyw yn berthynas gysegredig neu arbennig.
FFYDDLONDEB	Peidio â chael rhyw gyda neb ond y cymar rydych chi wedi'i briodi neu wedi ei ddewis; bod yn ffyddlon i un person yn unig.
YMATALIAETH RYWIOL	Penderfynu peidio byth â chael perthynas rywiol.

Er nad ydy'r geiriau hyn yn cael eu defnyddio mor aml heddiw, mae llawer o sôn am yr egwyddorion y tu ôl iddynt. Yn yr 1980au, ysgrifennodd yr Esgob Trevor Huddleston erthygl. Ef oedd Esgob Stepney yn Llundain ac roedd wedi bod yn ymgyrchydd brwd yn erbyn apartheid yn Ne Affrica pan oedd yn gweithio yno. Teitl yr erthygl oedd 'In Praise of Chastity'. Yn yr erthygl, roedd yn ceisio dweud bod diweirdeb, er nad yn beth hawdd o gwbl, yn werth anelu ato. Ei resymeg oedd fod ildio i reddfau dynol sylfaenol, beth bynnag ydyn nhw, yn diraddio dynoliaeth, ac yn gwneud i bobl ymddwyn yn fwy fel anifeiliaid na bodau dynol. O ran perthynas rywiol, roedd yn credu bod byw bywyd diwair cyn priodi yn rhywbeth oedd yn gwneud rhyw o fewn priodas, bywyd teuluol, a chymdeithas, yn gryfach o lawer.

Er nad yw'r gair 'ffyddlondeb' yn cael ei ddefnyddio'n aml heddiw mewn sgwrs bob dydd, mae'r syniad o fod yn 'ffyddlon' neu'n 'driw' i'ch cymar yn cael ei drafod yn aml. Mae ffilmiau ac operâu sebon yn llawn enghreifftiau o bobl sy'n 'cael affêr', ac yn dangos effeithiau hyn ar y bobl dan sylw a'u hymateb iddo. Mewn operâu sebon, mae rhai pobl yn gwylltio neu'n cael eu brifo pan fydd eu 'cymar' (boed nhw'n briod neu mewn perthynas hirdymor) yn cael affêr, ond heb boeni'n ormodol eu bod nhw eu hunain yn gwneud yr un peth gyda rhywun arall heb i'r cymar wybod! Unwaith eto, dyma ni'n dod yn ôl at y ffordd mae rhai pobl weithiau yn 'pregethu' rhai gwerthoedd, ond ddim o reidrwydd yn byw yn ôl y gwerthoedd hynny yn eu bywydau eu hunain.

Mae pobl yn aml yn camddeall 'ymataliaeth rywiol' – penderfyniad neu ddewis i beidio cael perthynas rywiol o gwbl. Maen nhw'n meddwl, oherwydd bod rhywioldeb yn rhan arferol o fywyd, y bydd pawb yn ymwneud â rhyw ar ryw adeg neu'i gilydd. Ond gall rhywun ddewis ymataliaeth rywiol am eu bod wedi cysegru eu hunain i ffordd grefyddol o fyw, lle maen nhw eisiau canolbwyntio yn unig ac yn bennaf ar Dduw, neu ar eu ffydd. Mae mynachod a lleianod mewn llawer o draddodiadau crefyddol yn enghreifftiau o bobl sydd fel arfer yn gorfod derbyn ymataliaeth rywiol; felly hefyd offeiriaid yn yr Eglwys Gatholig. Weithiau, mae pobl yn dewis ymataliaeth rywiol oherwydd eu gyrfa neu eu sefyllfa deuluol. Ar adegau eraill, gall unigolion neu gyplau ddewis ymatal rhag cael rhyw am gyfnod o amser er mwyn canolbwyntio ar genhadaeth benodol neu ddatblygiad neu brofiad ysbrydol.

Mae pob un o'r agweddau hyn yn addewid. Efallai eich bod wedi gweithio allan beth ydyn nhw. Gwiriwch eich syniadau eich hun yn erbyn y rhai isod:

Diweirdeb → addewid am gyfnod ydy hwn: mae'n ymrwymiad i beidio â chael cyfathrach rywiol hyd nes eich bod yn priodi.

Ffyddlondeb → addewid i rywun arall ydy hwn: mae'n ymrwymiad i fod yn ffyddlon i un person arall.

Ymataliaeth rywiol → addewid am oes ydy hwn: mae'n ymrwymiad i beidio cael cyfathrach rywiol, oherwydd galwad neu alwedigaeth, neu am reswm personol arall.

Llacrwydd rhywiol → addewid i neb: mae'n ddiffyg ymrwymiad a moesoldeb llwyr.

GWEITHGAREDD 20

Naill ai mewn parau neu mewn grwpiau bach, cynlluniwch ddelwedd graffig i helpu i egluro pob un o'r termau uchod. Defnyddiwch eiconau gwryw a benyw a symbolau eraill yn eich delwedd. Dylech ddefnyddio cyn lleied â phosib o ysgrifennu yn y ddelwedd, er mwyn i bawb allu deall y ddelwedd ac ystyr y term sy'n cael ei ddarlunio.

Gwnewch arddangosfa yn y dosbarth o'r 10 delwedd orau – bydd yn rhaid i chi benderfynu fel dosbarth sut i ddewis y deg.

Efallai y byddwch hefyd wedi sylwi yn y siart Dysgeidiaeth Grefyddol Allweddol fod rhai o'r crefyddau yn gwahardd perthynas rhwng yr un rhyw yn llwyr, a bod gan eraill farn wahanol am y pwnc. Pan gafodd y dysgeidiaeth grefyddol hwn ei ddatblygu, ac yn ystod bywydau y rhai wnaeth ei sefydlu, doedd dim llawer o bobl yn cael perthynas â rhywun o'r un rhyw; doedd e ddim yn bwnc trafod fel y mae heddiw. Roedd pobl yn meddwl bod rhyw a phriodas yn rhywbeth rhwng dyn a menyw yn unig, ac mai fel hyn roedd pethau wedi eu creu ac y dylen nhw fod.

Mae bob amser yn anodd, fel y gwelson ni yn yr ail lyfr, 'Ffydd a Dilyn', pan fydd credoau sy'n bwysig i bobl, rhai sy'n gysegredig yn eu barn nhw ac wedi eu rhoi gan Dduw, yn cael eu herio gan bobl sydd â safbwynt gwahanol.

Ar y naill law, mae rhai pobl yn sicr mai dim ond rhwng dyn a menyw y dylai cyfathrach rywiol ddigwydd, a bod priodas felly yn sefydliad i gyplau heterorywiol sydd yn caru ei gilydd, sydd wedi ymrwymo i'w gilydd, ac sydd yn cael rhyw gyda'i gilydd a neb arall. Oherwydd hyn, dydyn nhw ddim yn teimlo y gallan nhw dderbyn perthynas rhwng yr un rhyw, na chaniatáu i gwpl o'r un rhyw 'briodi' yn yr ystyr maen nhw'n ei roi i'r gair. Nid yw hyn yn golygu eu bod yn 'homoffobig', nac yn rhagfarnllyd yn erbyn pobl hoyw. Y cyfan maen nhw'n ei ofyn yw am yr hawl a'r fraint i lynu at eu credoau a'u gwerthoedd, fel unrhyw un arall.

Ar y llaw arall, mae rhai pobl yr un mor sicr nad ydy cael teimladau o natur rywiol tuag at rywun o'r un rhyw yn 'annaturiol' nac yn atgas. Maen nhw'n gweld bod cariad, ymrwymiad a boddhad hefyd yn rhan o berthynas o'r fath. Oherwydd hynny, maen nhw eisiau gallu byw gyda rhywun, priodi a chael yr un hawliau a chyfrifoldebau ag unrhyw bâr priod arall. Maen nhw'n teimlo'n ddig ac yn cael eu brifo pan nad yw pobl yn deall eu ffordd o feddwl, ac yn dechrau meddwl bod pobl yn gwahaniaethu yn eu herbyn yn annheg.

Mae'n wir, wrth gwrs, fod llawer o bobl grefyddol yn y gorffennol wedi bod yn feirniadol iawn o bobl mewn perthynas rhwng yr un rhyw, ac roedd llawer o ragfarn a gwahaniaethu yn eu herbyn. Ond mewn byd o werthoedd gwahanol a ffyrdd gwahanol o ddeall bywyd, mae'n hollbwysig ein bod yn rhydd i feddwl a'n mynegi'n hunain neu fod gennym ryddid i feddwl ac i fynegi ein hunain. Os oes gan bobl yr hawl i ddatgan bod crefydd yn ddiwerth ac yn ddibwys yn y gymdeithas fodern, ac i wawdio credinwyr a'u cred a gwneud hwyl am eu pennau, yna fe ddylid cael yr un hawl i gredu fod crefydd yn bwysig, fod y ddysgeidiaeth yn wir a dilys, hyd yn oed os yw'r ddysgeidiaeth weithiau'n wahanol i'r hyn mae pobl eraill yn ei gredu ac am ei wneud yn eu bywydau.

Yn rhy aml ym myd mwy seciwlar yr 21ain ganrif, yn enw 'goddefgarwch', mae pobl sydd â barn wahanol, sydd efallai yn annerbyniol i eraill, yn cael eu gwawdio ac weithiau eu ffieiddio. Yn yr uned ddiwethaf, fe ddysgon ni os yw dynoliaeth am gyd-dynnu a chyd-fyw yn y byd a'r bydysawd, fod yn rhaid i bobl dderbyn gwahaniaethau, gan sicrhau bod pobl yn rhydd i gadw at eu credoau heb ofn na ffafriaeth; fe ddysgon ni hefyd, na ddylen nhw fod yn llawn casineb na gorfodi un math 'derbyniol' o gred ar bawb.

GWEITHGAREDD 21

(a) Gyda'ch gilydd, darllenwch ran gyntaf 'Cyfyng Gyngor Nathan' (gweler tudalen 44).

(b) Yna, fel mae'n awgrymu, chwiliwch yn y cyfryngau cenedlaethol, lleol a Christnogol am benawdau, erthyglau a llythyrau sy'n sôn am gyfunrywioldeb. Ystyriwch (i) sut, yn eich barn chi, y byddai Nathan yn teimlo o ddarllen y deunydd hwn, a (ii) ai adrodd am agweddau cadarnhaol neu negyddol am gyfunrywioldeb y mae'r erthyglau.

(c) Darllenwch weddill 'Cyfyng Gyngor Nathan' (tudalen 45).

(ch) Gan weithio mewn parau, darllenwch y dyfyniadau Beiblaidd (gweler tudalen 46), a phenderfynu beth yw eu hystyr. Ar ochr chwith dalen o bapur (gyda'r dyfyniadau yn y canol), ysgrifennwch mewn swigod siarad y ffordd sut byddai gweinidog ceidwadol (Parch. Ceidwadol) yn dehongli'r adnodau hyn yn eich barn chi. Ar yr ochr dde, ysgrifennwch mewn swigod siarad y ffordd, yn eich barn chi, y byddai gweinidog rhyddfrydol (Parch. Rhyddfrydol) yn eu dehongli.

(d) Gwnewch weithgaredd 'dadl dawel', gan ddefnyddio'r gosodiadau ar dudalen 47. Rhowch bob gosodiad yng nghanol darn mawr o bapur A3, a'i ddosbarthu o gwmpas yr ystafell. Gan ddefnyddio pen du, dylai pob unigolyn ysgrifennu ei ymateb cyntaf i'r dyfyniadau. Yna, gan ddefnyddio peniau glas i ysgrifennu cwestiynau, peniau coch i ysgrifennu sylwadau heriol, a pheniau gwyrdd i ysgrifennu sylwadau cymhwysol, ewch o gwmpas yr ystafell at y gwahanol ddyfyniadau unigol, gan ychwanegu cwestiynau, sylwadau heriol neu sylwadau cymhwysol.

Yna, mewn grwpiau bach, dewiswch un o'r dyfyniadau a dadansoddi'r ddadl a gafwyd. Amlygwch syniadau a barn bwysig, a chrynhowch beth allai'r dyfyniadau ei ychwanegu at safbwynt Cristnogol ar gyfunrywioldeb.

Yn olaf, fel dosbarth, trafodwch sut gallai'r dyfyniadau hyn, a'r ddadl y maen nhw'n ei hysgogi, helpu Nathan gyda'i gyfyng gyngor.

(dd) O'r cyfan rydych chi wedi ei drafod a'i ddysgu yng ngweithgareddau a–ch, helpwch Nathan i ddatrys ei gyfyng gyngor.

Ysgrifennwch lythyr ato, yn ei gynghori beth i'w wneud. Dylech gynnwys o leiaf dau destun Beiblaidd ac egluro sut gallai gwahanol Gristnogion ddehongli'r rhain yn wahanol. Dylech gynnig barn, gyda chyfiawnhad, ynglŷn ag a ddylai Nathan aros yn yr eglwys neu ei gadael.

CYFYNG GYNGOR NATHAN

A ddylai Nathan adael yr eglwys mae'n perthyn iddi?

Gweithgaredd 21 (a)

RHAN UN

Mae Nathan yn 19 mlwydd oed ac ar flwyddyn allan yn gweithio i elusen leol cyn mynd i'r brifysgol.
Mae wedi bod yn mynd i'r eglwys leol ar hyd ei fywyd, ond pan oedd yn 14 oed penderfynodd drosto'i hun ei fod yn Gristion.

Pan oedd yn 16 oed sylweddolodd ei fod yn hoyw. Roedd y rhan fwyaf o'i ffrindiau'n treulio'u hamser yn ceisio denu sylw'r merched yn yr ysgol neu'r eglwys. Sylweddolodd Nathan mai yn y bechgyn yr oedd ganddo fe ddiddordeb. Am ddwy flynedd, ddywedodd Nathan ddim byd am hyn, ond gwrandawodd yn ofalus ar yr hyn oedd gan bobl i'w ddweud am gyfunrywioldeb. Roedd rhai o'i ffrindiau yn yr ysgol yn defnyddio'r term 'hoyw' fel sarhad. Roedd hynny'n ei frifo, ond ddywedodd e ddim byd. Roedd un o'i athrawesau'n hoyw, ond doedd e ddim ond yn gwybod hynny am ei fod wedi ei gweld yn y dref gyda'i chymar.

Yn yr eglwys, doedd dim llawer o sôn am gyfunrywioldeb, ond roedd wedi digwydd clywed rhai sylwadau digon ffiaidd pan oedd ficer o eglwys arall wedi dod yn rhan o bartneriaeth sifil.

Yn y pen draw, penderfynodd Nathan fynd ati i wneud ei waith ymchwil ei hun. Yn gyntaf, edrychodd drwy'r cyfryngau, gan edrych ar bapurau newydd yr wythnos, yn cynnwys y cyfryngau Cristnogol, a chwilio drwy'r penawdau, erthyglau a rhifynnau ar-lein i weld beth oedd yn cael ei ddweud am gyfunrywioldeb.

Ewch ati i wneud Gweithgaredd 21 (b).

Gweithgaredd 21 (c)

RHAN DAU

Rai wythnosau'n ddiweddarach, mae Nathan yn teimlo'n ddigon dewr i fynd i weld ei ficer i drafod ei rywioldeb. Er bod y Parchedig Ceidwadol yn garedig wrth Nathan ac yn ofalus ohono, mae ei neges yn glir.

> "Dysgeidiaeth yr Eglwys yw bod Duw wedi ein creu yn ddyn a menyw i'n gilydd; dyna sydd yn Genesis 1. Felly rydw i'n credu bod rhyw hoyw yn anghywir. Er fy mod yn credu nad ydy hi'n iawn i ddyn gael rhyw gyda dyn arall, dyw hynny ddim yn golygu fy mod yn dy gasáu di am dy fod yn hoyw. Nathan, os wyt ti wir yn hoyw, yna rhaid i ti fyw bywyd o ymataliaeth rywiol – mae'r Beibl yn eithaf clir."

Mae Nathan yn hynod siomedig. Mae'r Parchedig Ceidwadol yn anfon Nathan i ffwrdd gyda rhai darnau byr o'r Beibl i'w hastudio. Maen nhw i gyd yn eithaf clir ac yn condemnio cyfunrywioldeb yn llwyr.

Rai wythnosau'n ddiweddarach, ar ôl siarad â ffrindiau o eglwys arall, daw Nathan ar draws darnau eraill o'r Beibl ac mae'n mynd i weld ficer arall, y Parchedig Rhyddfrydol, o eglwys arall. Mae ei neges ef yn wahanol, sy'n drysu Nathan.

> "Mae'n anodd gwybod beth yw'r peth iawn i'w ddweud, ond yr hyn rydw i yn ei wybod ydy bod pawb wedi ei greu ar gyfer cariad, a bod cariad rhywiol wedi ei greu i ddau berson a neb arall. Mae hynny'n golygu cael perthynas ymrwymedig: i bobl heterorywiol, priodas yw hynny, ac i bobl gyfunrywiol, mae'n golygu partneriaeth sifil neu briodas mewn eglwys sydd wedi cytuno i gynnal seremonïau felly – nid yw pob un yn gwneud hynny. Yn f'eglwys i, rwyf yn cynnal gwasanaeth blynyddol i fendithio'r rhai sydd mewn partneriaeth sifil. Rwy'n siŵr bod Duw yn eu bendithio. Yr hyn nad yw'r Beibl yn ei gefnogi yw llacrwydd rhywiol, hoyw neu beidio: mae hynny yn erbyn cynllun Duw ar gyfer y ddynoliaeth. Cariad, ymddiried, ymrwymiad a ffyddlondeb. Dyna sy'n bwysig."

Mae Nathan wedi drysu'n lân, ac mae'n mynd yn ôl at y Beibl i ddehongli darnau ohono.

Ewch ati i wneud Weithgaredd 21 (ch).

DYFYNIADAU BEIBLAIDD:

Leficus 20: 10, 13
Os ydy rhywun yn cysgu gyda gwraig dyn arall, y gosb ydy marwolaeth i'r ddau ohonyn nhw.
Os ydy dyn yn cael rhyw gyda dyn arall, mae'r ddau wedi gwneud peth ffiaidd…

Exodus 20:14
Paid godinebu.

2 Samuel 1:26
Dw i'n galaru ar dy ôl di Jonathan, fy mrawd. Roeddet ti mor annwyl i mi. Roedd dy gariad di ata i mor sbesial, roedd yn well na chariad merched. (Mae Dafydd, a fydd yn dod yn frenin cyn hir, yn sôn am ei alar ar farwolaeth Jonathan, mab gwrthwynebydd Dafydd, y Brenin Saul.)

Mathew 22: 37-39
Atebodd Iesu: 'Rwyt i garu'r Arglwydd dy Dduw â'th holl galon, ac â'th holl enaid a'th holl feddwl.' Dyma'r gorchymyn cyntaf a'r pwysica. Ond mae yna ail un sydd yr un fath: 'Rwyt i garu dy gymydog fel rwyt ti'n dy garu dy hun.'

1 Corinthiaid 6: 18-20
Ysgrifenna Paul: 'Gwnewch bopeth allwch chi i osgoi anfoesoldeb rhywiol. Does dim un pechod arall sy'n effeithio ar y corff yr un fath. Mae'r person sy'n pechu'n rhywiol yn pechu yn erbyn ei gorff ei hun. Ydych chi ddim yn sylweddoli fod eich corff chi'n deml i'r Ysbryd Glân? Mae'r Ysbryd yn byw ynoch chi – mae wedi ei roi'n rhodd i chi gan Dduw. Dim chi biau eich bywyd; mae pris wedi ei dalu amdanoch chi. Felly defnyddiwch eich cyrff i anrhydeddu Duw.'

1 Thesaloniaid 4: 3-6
Ysgrifenna Paul: Mae Duw am i chi fyw bywydau glân sy'n dangos eich bod chi'n perthyn iddo: dylech chi beidio gwneud dim sy'n anfoesol yn rhywiol. Dylech ddysgu cadw rheolaeth ar eich teimladau rhywiol – parchu eich corff a bod yn gyfrifol – yn lle bod fel y paganiaid sydd ddim yn nabod Duw ac sy'n gadael i'w chwantau redeg yn wyllt. Ddylai neb groesi'r ffiniau na manteisio ar Gristion arall yn hyn o beth. Bydd yr Arglwydd yn cosbi'r rhai sy'n pechu'n rhywiol – dŷn ni wedi'ch rhybuddio chi'n ddigon clir o hynny o'r blaen.'

Sut mae gweinidog ceidwadol yn dehongli'r rhain?

Sut mae gweinidog rhyddfrydol yn dehongli'r rhain?

Mae unrhyw eiriau allai ei gwneud yn haws cam-drin neu ymosod ar rywun cyfunrywiol yn eiriau y dylem fod yn edifar amdanynt. Peidiwch â thybio mai rhywbeth mae eraill yn cael eu galw i'w wneud yw edifeirwch; mae'n rhaid i ni gydnabod ein beiau ni oll, ddisgyblion pechadurus a diffygiol fel ag yr ydym.

(Rowan Williams, cyn-Archesgob Caergaint ac arweinydd yr Eglwys Anglicanaidd fyd-eang o 2002–2012)

Roeddem yn brwydro yn erbyn apartheid am ein bod yn cael ein beio ac yn gorfod dioddef oherwydd rhywbeth nad oeddem yn gallu gwneud dim amdano. Mae'r un peth yn wir am gyfunrywioldeb. Rhywbeth cynhenid yw tuedd rywiol, nid dewis. Byddai'n wirion i rywun ddewis bod yn hoyw, o gofio faint o homoffobia sy'n bod.

(Desmond Tutu, cyn-Archesgob Anglicanaidd Cape Town, a llais cryf yn erbyn apartheid a thros gydraddoldeb yn Ne Affrica)

Yn gyntaf, does dim amheuaeth am gydraddoldeb pob bod dynol, 'heterorywiol' neu 'gyfunrywiol'. Does yr un ohonom yn fwy gwerthfawr na neb arall yng ngolwg y Duw a'n gwnaeth ac sy'n ein caru.

(John Sentamu, Archesgob Caerefrog, un o brif arweinwyr yr Eglwys Anglicanaidd.)

Mae yna anghytuno ynghylch beth mae Paul yn ei gondemnio: ai cyfunrywioldeb, neu yn hytrach buteindra neu lacrwydd rhywiol ymhlith dynion.

(Parch. Charles Royden, hyfforddwr gweinidogion yn yr Eglwys Fethodistaidd)

Os defnyddiwn y Beibl i gondemnio cyfunrywioldeb, oni ddylem fod o blaid cosbi godinebwyr drwy daflu cerrig atynt hefyd?

(Y Parch. Rowland Jide Macaulay, Gweinidog Eglwys Tŷ'r Enfys)

Pwy bynnag sy'n dweud ei fod yn caru Duw ac eto ar yr un pryd yn casáu brawd neu chwaer, mae'n dweud celwydd. Os ydy rhywun ddim yn gallu caru Cristion arall mae'n ei weld, sut mae e'n gallu caru'r Duw dydy e erioed wedi ei weld?

(Beibl, 1 Ioan 4:20)

Mae'r Crynwyr yn gweld Duw ym mhawb ac felly fe fyddem yn dweud bod yr un gwerth i bob perthynas ymrwymedig. Rydym yn cydnabod cyplau priod o'r un rhyw ers 2009 ac wedi bod yn aros i'r gyfraith ddal i fyny.

(Paul Parker, Clerc Cofnodi'r Crynwyr ym Mhrydain)

Dathlu perthynas gadarnhaol

Ar ddechrau'r uned hon buom yn meddwl am berthynas – bod ein bywydau yn llawn o lawer o wahanol fathau o berthnasoedd, a pha mor bwysig ydyn nhw i'n bywydau. Nid ydym yn unigolion sy'n byw ar ynysoedd; rydym yn aelodau o deulu – teulu mawr dynol – ac mae angen perthynas gadarnhaol gydag eraill arnom er mwyn i ni allu mwynhau ein bywydau a chael boddhad a llawenydd.

Wrth gwrs, nid peth hawdd ydy cyd-dynnu gyda phawb. Rydym i gyd yn adnabod rhywun yn ein grŵp neu'n cymuned sy'n anodd siarad â nhw, gweithio gyda nhw neu gyd-dynnu â nhw. Ond efallai ei bod yn werth rhoi cynnig arni.

GWEITHGAREDD 22

Darllenwch y senario isod. Mae'n stori wir! Trafodwch mewn grŵp bach:

(a) Beth ydych chi'n meddwl ddigwyddodd ar ddiwedd y stori?
(b) Pam ydych chi'n meddwl nad ydy pobl yn hoffi Mrs Britten ac efallai ddim yn ei deall?
(c) Beth yn eich barn chi fyddai'r peth gorau i'w wneud, er mwyn gwneud gwahaniaeth yn y gymuned?
(ch) Pa wersi 'mwy' y gellid eu dysgu o'r senario syml hon?

Rhannwch eich syniadau gyda grwpiau eraill. Cymharwch eich diweddglo gyda'r diweddglo go iawn ar dudalen 53.

Mae Mrs Britten yn byw ar ei phen ei hun, mewn stryd o 20 o dai, ac mae ei thŷ hi yn union yn y canol.

Mae teuluoedd ifanc mewn 16 o'r tai, ac mae bron i 40 o blant yn y stryd, yn amrywio o fabanod bach misoedd oed i blant yn eu harddegau, tua 14 oed.

Mae hi yn 76 oed, a does ganddi ddim plant, er ei bod wedi bod yn briod. Bu farw ei gŵr 10 mlynedd yn ôl, a does ganddi ddim llawer o ffrindiau.

Mae'r holl sŵn a'r plant yn rhedeg o gwmpas wrth iddyn nhw chwarae gyda'i gilydd i fyny ac i lawr y stryd yn ei dychryn braidd.

Pan fydd pêl yn glanio yn ei gardd, mae'n dweud y drefn wrth y plant, ac yn eu rhybuddio i beidio â thorri ei ffenestri. Mae'n dweud wrthyn nhw am chwarae y tu allan i'w tai eu hunain.

Un diwrnod, ciciodd un o'r bechgyn bêl droed ac fe dorrodd ffenest yng nghyntedd Mrs Britten. Roedd hi'n ddig iawn, ac fe gadwodd y bêl a dweud wrth y plant y byddai'n rhaid iddyn nhw dalu am y ffenest. Pan ddaeth tad y bachgen oedd wedi cicio'r bêl adref a chlywed yr hanes, aeth i guro ar ddrws Mrs Britten.

Camau tuag at berthynas gadarnhaol

Yn y senario rydych chi newydd ei thrafod, ceisiodd tad y bachgen weithio tuag at greu perthynas gadarnhaol mewn sefyllfa a allai fod wedi bod yn fater hollol negyddol. Doedd dim rhaid iddo wneud hyn; gallai fod wedi gadael i Mrs Britten drefnu i rywun drwsio ei ffenestr drosti ei hun. Ond byddai hynny wedi golygu na fyddai'r berthynas rhwng pobl ar y stryd wedi gwella.

Pa bynnag gysylltiadau y meddyliwn amdanynt – mewn priodas, mewn teuluoedd, mewn dosbarthiadau ac ysgolion, yn y gymuned – mae gweithio tuag at berthynas gadarnhaol yn gwneud gwahaniaeth. Ond sut mae gwneud hynny? Sut mae cael perthynas well a mwy cadarnhaol?

GWEITHGAREDD 23

O'r gosodiadau yn y diagram, dewiswch bum elfen hanfodol ac allweddol i fwynhau perthynas gadarnhaol.

Boed i bawb edrych arnaf gyda llygaid cyfaill. Boed i minnau edrych ar bopeth gyda llygaid cyfaill.
(Yajur Veda, Hindŵaeth)

Fel y mae mam yn gwarchod bywyd ei phlentyn gyda'i heinioes ei hun, boed i feddyliau sy'n cwmpasu pob bywyd fod yn eiddo i chi.
(Y Metta Sutra, Bwdhaeth)

Byddwch drugarog tuag at y rhai sy'n byw ar y ddaear ac fe fydd yr hwn sydd yn y nefoedd yn drugarog wrthych chi.
(Y Proffwyd Muhammad, Islam)

Gwarchodwch ynoch eich hun y trysor hwnnw, caredigrwydd. Rhaid gwybod sut i roi heb oedi, sut i golli heb edifarhau, sut i gael heb grintachrwydd.
(George Sand, nofelydd Ffrengig)

Pan fyddwch yn gysurus i fod yn chi eich hun heb gymharu na chystadlu, bydd pawb yn eich parchu.
(Lao Tzu, Taoistiaeth)

Bydd y sawl sy'n gwneud gwasanaeth anhunanol heb ddisgwyl gwobr yn cyrraedd ei Arglwydd a'i Feistr.
(Guru Granth Sahib, Sikhiaeth)

BETH SYDD YN GWNEUD PERTHYNAS GADARNHAOL?

Yr hyn sy'n wrthun i chi, peidiwch â'i wneud i'ch cyd-ddynion.
(Y Talmud, Iddewiaeth)

Dylech drin pobl eraill fel yr hoffech chi gael eich trin yn yr un sefyllfa; peidiwch â gwneud pethau na fyddech am i bobl eu gwneud i chi.
(Cymdeithas Dyneiddwyr Prydain, 1999)

I'r un sy'n gaeth, does dim fel ei gyffur;
I'r pysgodyn, does dim fel ei ddŵr;
Ond mae'r sawl sydd wedi ymgolli yng nghariad Duw
Yn teimlo cariad at bopeth.
(Sikh Adi Grant)

Carwch eich gelynion, gwnewch ddaioni i'r bobl sy'n eich casáu chi, bendithiwch y rhai sy'n eich melltithio chi.
(Y Beibl, Luc 6, Cristnogaeth)

Dylech barchu eich gilydd a pheidio ag anghytuno; ni ddylech, fel olew a dŵr, weithio yn erbyn eich gilydd ond yn hytrach, fel llaeth a dŵr, ymgymysgu.
(Siddhartha Gautama, Bwdhaeth)

"Parchwch eich hun ac fe fydd eraill yn eich parchu."
(Confucius, athronydd Tseineaidd; Conffiwsiaeth)

Rhag y diogi na feiddia wynebu gwirionedd newydd,
Rhag y diogi sy'n fodlon â hanner y gwir,
Rhag yr haerllugrwydd sy'n tybio fod ganddo'r holl wirionedd,
Arglwydd daionus, gwared ni.
(Gweddi o Cenia, Cristnogaeth)

Pa bynnag gamau a ddewiswch, efallai y byddant yn helpu i arwain at fyd gwell; byd lle mae pobl yn cael eu trin yn deg a chyfiawn, yn agored a chynnes, a lle mae gwirionedd a thrugaredd, dealltwriaeth a maddeuant yn nodweddion cyffredin.

GWEITHGAREDD 24

Gweithgaredd grŵp – (o leiaf bedwar o bobl ym mhob grŵp.)

Ysgrifennwch ddau o'ch pum elfen hanfodol ar gardiau ar wahân, a gosodwch nhw wyneb i waered ar y bwrdd gyda'r rhai sydd isod. Cymerwch eich tro i godi cerdyn, darllen allan i'r grŵp beth mae'n ei ddweud, a phenderfynu ble i'w roi ar y siart 'Byd Gwell?' isod. Gall y chwaraewr ei osod ar unrhyw un o'r categorïau ar y siart, ond mae'n rhaid egluro'r rheswm. Os bydd chwaraewr arall am herio'r rheswm, mae'n cael gwneud hynny, a rhaid i'r grŵp drafod a dod i benderfyniad ar y cyd.

Pan fydd yr holl gardiau wedi eu gosod, penderfynwch beth yw'r cyfiawnhad dros y grŵp o gardiau 'hanfodol', a'r rhai sydd 'ddim yn syniad cystal'.

Ysgrifennwch baragraff yn dweud beth fyddai ei angen i fyw yn ôl y syniadau yn y categori 'hanfodol'.

Mae pob bywyd yn sanctaidd.	Dylid rhoi gwerth ar bawb fel unigolion.	Gwasanaethwch eraill, heb ofyn am ddim yn gyfnewid.	Parchwch bob creadur byw, gan fyw bywyd di-drais.
Mae pawb yn gyfrifol am ei gilydd.	Does dim cariad mwy na rhoi eich bywyd dros eich ffrindiau.	Mae'n well rhoi na derbyn.	Maddeuwch fel y maddeuir i chi.
Cofiwch drin eraill fel yr hoffech gael eich trin eich hun.	Dylech fyw bywyd o wirionedd.	Gall siarad greu heddwch am ei fod yn dod â gwell dealltwriaeth.	Cofiwch drin eraill gyda chyfiawnder a charedigrwydd.

Siart Byd Gwell

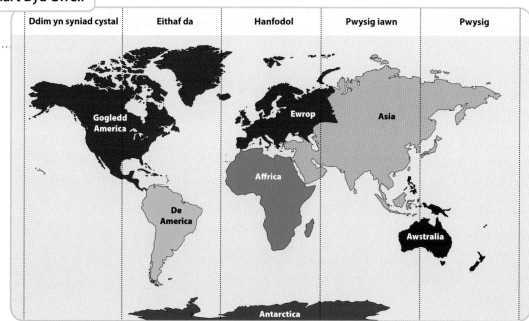

Pwy yw fy nghymydog?

Ar ddechrau'r uned hon buon ni'n trafod y teitl, 'Pwy yw fy nghymar?'. Buon ni'n meddwl am berthnasoedd mewn bywyd yn gyffredinol, a sut mae'r rhain yn effeithio ar bawb yn eu bywydau bob dydd. Mae pob perthynas – teulu, ffrindiau agos, cydnabod rheolaidd, a phobl eraill yn y gymuned – i gyd yn 'gymdogion' mewn rhyw ffordd neu'i gilydd.

Unwaith, pan ofynnodd athro yn y Gyfraith i Iesu ynglŷn â dilyn cyfreithiau Duw o ddydd i ddydd, gofynnodd i Iesu, 'Pwy yw fy nghymydog?' Atebodd Iesu'r cwestiwn drwy adrodd y ddameg gyfarwydd, Dameg y Samariad Trugarog. Sylwodd y dyn mai'r 'cymydog' gorau yn yr hanes oedd y Samariad a fu'n garedig a thrugarog tuag at y gŵr a oedd wedi brifo. Dywedodd Iesu wrth athro'r Gyfraith am fynd a dangos y math hwnnw o gariad a thrugaredd. Ac mae'r rhan fwyaf o grefyddau yn awgrymu agwedd debyg.

Mae'n debyg y bydd y math gorau o fyd, i bawb, yn datblygu wrth i bobl ddysgu trin ei gilydd gyda pharch, urddas, caredigrwydd ac ystyriaeth, a chydnabod a derbyn bod pobl yn gymdogion ac yn bartneriaid – pobl sydd yn gwneud gwahaniaeth i fywydau pawb arall. Os na fydd pobl yn cymryd sylw o anghenion a dymuniadau pobl eraill, ac yn eu cefnogi yn eu bywydau, yna daw'r dyfyniad gan John Donne a welsom yn gynharach yn wirioneddol arwyddocaol:
"A phaid byth â holi felly i bwy y mae'r gloch yn canu; y mae'n canu i ti."

Crynhoi: Pwy yw fy nghymar?

Fe ddechreuon ni feddwl am 'Pwy yw fy nghymar?' drwy sôn am berthnasoedd mewn bywyd dynol yn gyffredinol: pa mor bwysig ydyn nhw i bawb, a sut maen nhw'n effeithio ac yn dylanwadu ar y ffordd mae pobl yn byw, a'r teimladau sydd ganddyn nhw. Fe welson ni ei bod yn amhosib, byw fel petaem ar ynys, yn bell oddi wrth bawb a phopeth.

Yna fe wnaethon ni feddwl am gyfeillgarwch a chariad, a'r mathau gwahanol o gariad. Wrth gwrs, fe fuon ni'n ystyried cariad a pherthynas rywiol, a'r hyn mae crefyddau yn ei ddysgu am hynny. Fe ddysgon ni nad yw rheolau a chanllawiau bob amser yn bethau negyddol, ond yn hytrach ffiniau ydyn nhw sy'n helpu i wneud perthynas yn beth cadarnhaol ac ystyrlon. Buon ni'n meddwl hefyd am berthynas mewn priodas a pherthynas rhwng yr un rhyw, a'r pynciau trafod a'r dadleuon sy'n codi o hynny.

Yn olaf, wrth feddwl am berthnasoedd cadarnhaol a sut i'w creu a'u cynnal yn ein bywydau a'n cymunedau, fe wnaethon ni ystyried beth fyddai'n arwain at fyd gwell, byd lle mae pobl yn ofalus nid yn unig o'u 'cymar', ond o'u holl gymdogion.

GWEITHGAREDD 18

SAFBWYNTIAU CYFERBYNIOL: **PERTHYNAS RYWIOL**

Rhyw o fewn priodas yn unig:	Safbwynt allweddol:	Rhyw gyda phwy bynnag fynnwch chi:	Safbwynt allweddol:
rhoi eich hun yn llwyr i rywun arall	Dathlu LLAWENYDD	pwyslais ar yr emosiynau corfforol	Dathlu NWYD
meddwl am anghenion a theimladau'r llall	Amlygu CYFRIFOLDEB	boddhau anghenion personol yn bennaf	Amlygu BODDHAD
addewid sydd yn cyfoethogi	Amlygu YMRWYMIAD	dim addewidion a dim amodau	Amlygu RHYDDID
mwy na dim ond gweithred gorfforol	Cryfhau'r DIMENSIWN YSBRYDOL	dim mwy na gweithred gorfforol	Cryfhau ANNIBYNIAETH
sefydlu hawliau a disgwyliadau clir	Atgyfnerthu'r CYFREITHIOL	dim hawliau na disgwyliadau	Atgyfnerthu RHYDDID

Rhowch y 'safbwynt allweddol' isod yn y lle cywir yn y tabl uchod:

Dathlu NWYD	Cryfhau'r DIMENSIWN YSBRYDOL
Dathlu LLAWENYDD	Amlygu RHYDDID
Amlygu YMRWYMIAD	Amlygu CYFRIFOLDEB
Amlygu BODDHAD	Cryfhau ANNIBYNIAETH
Atgyfnerthu RHYDDID	Atgyfnerthu'r CYFREITHIOL

GWEITHGAREDD 19

DIWEIRDEB	Peidio â chael perthynas rywiol cyn priodi, oherwydd bod rhyw yn berthynas gysegredig neu arbennig.
FFYDDLONDEB	Peidio â chael rhyw gyda neb ond y cymar rydych chi wedi'i briodi neu wedi ei ddewis; bod yn ffyddlon i un person yn unig.
YMATALIAETH RYWIOL	Penderfynu peidio byth â chael perthynas rywiol.

GWEITHGAREDD 21

Penderfyniad Nathan

Ar ôl meddwl yn ofalus iawn, dewisodd Nathan adael ei eglwys ac ymuno â chymuned Gristnogol arall. Ymunodd ag eglwys nad oedd yn cael ei rhedeg gan y Parch. Ceidwadol na'r Parch. Rhyddfrydol, ond â rhywle lle'r oedd yn teimlo ei fod yn cael ei dderbyn am pwy ydoedd, a lle nad oedd llawer o ddiddordeb gan bobl yn ei rywioldeb. Roedd materion eraill, fel cyfiawnder, cymuned a daioni, yn ymddangos yn bwysicach. Mae Nathan yn eithaf siŵr fod rhai aelodau eraill o'r gynulleidfa yn hoyw.

Mae'r Beibl yn cael ei ddysgu a'i ddehongli mewn ffordd ryddfrydol, ac mae disgwyl i'r gynulleidfa feddwl am sut i ddehongli'r Ysgrythur yn ein byd ni heddiw.

GWEITHGAREDD 22

Cyn i Mrs Britten ddweud dim, ymddiheurodd y tad fod y plant wedi torri ei ffenestr wrth chwarae, a dweud nad oedden nhw wedi torri'r ffenestr yn fwriadol – damwain oedd hi.

Dywedodd y byddai'n trefnu i gael ffenestr newydd, a thalu amdani.
Gofynnodd am y bêl yn ôl, a dweud bod y plant wedi cael rhybudd i fod yn fwy gofalus wrth chwarae yn y stryd.

Y diwrnod wedyn, ar ôl i'r ffenestr gael ei thrwsio, galwodd i weld a oedd hi'n hapus gyda'r gwaith trwsio, a rhoddodd deisen iddi yr oedd ei wraig wedi'i phobi. Roedd Mrs Britten wrth ei bodd.

Byth ers hynny, dyw hi ddim wedi bod mor flin gyda'r plant, ac mae'n hapus i adael iddyn nhw ddod i nôl eu pêl o'i gardd pan fydd yn digwydd glanio yno.

BETH YW YSTYR RHYDDID CREFYDD?

Beth yw ystyr rhyddid crefydd?

Ymdrin â chwestiynau sylfaenol:

Pwy sy'n penderfynu beth yw fy nghredoau?
A ddylai fy nghredoau effeithio ar foesoldeb rhywun arall?
A ddylai moesoldeb rhywun arall effeithio ar fy nghred?
Pryd mae bywyd yn dechrau?

Archwilio Credoau,	Dysgeidiaeth	ac Arferion
• Rhyddid crefydd; • Bwyta cig; • Sancteiddrwydd bywyd; • Dechreuad bywyd; • Rhyddid mynegiant; • Rhyddid i dystiolaethu.	• Llysieuaeth; • Gwahanol ddysgeidiaeth grefyddol ar erthyliad ac ewthanasia; • Erthyliad a'r gyfraith; • Dysgeidiaeth grefyddol ar rannu eich ffydd.	• Effaith dysgeidiaeth grefyddol ar erthyliad ac ewthanasia; • Pregethu i eraill.

Mynegi:

Gan ddefnyddio'ch barn eich hun, yn ogystal â'r hyn rydych chi wedi'i ganfod ...
Pwy sy'n penderfynu beth yw fy nghredoau?
A ddylai fy nghredoau effeithio ar foesoldeb rhywun arall?
A ddylai moesoldeb rhywun arall effeithio ar fy nghred?
Pryd mae bywyd yn dechrau?

O BLAID BYWYD NEU O BLAID DEWIS

Beth yw ystyr 'rhyddid crefydd'? Mae teitl yr uned hon yn gwestiwn eithaf hawdd ei ateb. Yn llyfr cyntaf y gyfres hon fe fuon ni'n ymchwilio i ffydd mewn cymdeithas amlddiwylliannol, a dysgu bod erthygl 9 Confensiwn Hawliau Dynol Ewrop (CHDE) yn amddiffyn rhyddid crefydd.

ERTHYGL 9
Rhyddid meddwl, cydwybod a chrefydd

1. Mae gan bawb yr hawl i ryddid meddwl, cydwybod a chrefydd; mae hyn yn cynnwys rhyddid i newid crefydd neu gred, naill ai yn unigol neu mewn cymuned ag eraill ac yn gyhoeddus neu'n breifat, i amlygu ei grefydd neu ei gred, mewn addoliad, dysgu, arfer a chadw defodau.

2. Bydd rhyddid i amlygu eich crefydd neu gred yn amodol yn unig ar y cyfyngiadau hynny a ragnodir gan y gyfraith ac sy'n angenrheidiol mewn cymdeithas ddemocrataidd er lles diogelwch y cyhoedd, i warchod trefn, iechyd neu foesau cyhoeddus, neu i warchod hawliau a rhyddid eraill.

I lawer ohonon ni, mae ein credoau yn gymysgedd o'n diwylliant, h.y. y wybodaeth a gawsom gan ein teulu a'n ffrindiau, yn yr ysgol, a thrwy'r profiadau a gawson ni, sydd wedi helpu llunio'r ffordd rydyn ni'n gweld y byd. Mae'r rhyddid i ddewis system o gred, ac i fyw yn ôl y system honno, yn rhyddid pwysig sydd gan bob un ohonon ni.

Fel rhyddid meddwl a chydwybod, mae'r hawl i 'ryddid crefydd' yn gyfle i bawb gadw ac arfer y credoau hynny sydd yn eu barn nhw yn bwysig. Yn yr uned hon, byddwn yn archwilio materion sy'n ymwneud ag amddiffyn 'rhyddid crefydd'.

Dyma restr o 23 cred wahanol:

Mae Duw yn bod.	Efallai bod yna Dduw.	Does dim Duw.
Mae pob bywyd yn bwysig.	Mae bywydau rhai pobl yn bwysicach nag eraill.	Dyw bywyd ddim mor bwysig â hynny.
Mae'n iawn bwyta cig.	Nid yw bwyta cig yn iawn.	Ddylai neb fwyta cig.
Mae addysg i bawb yn perthyn i wledydd cyfoethocach.		Mae gan bawb yr hawl i addysg.
Dylid dysgu i bobl beth i'w gredu.		Dylai pobl allu credu beth a fynnon nhw.
Mae erthyliad bob amser yn anghywir.	Mae erthyliad yn iawn dan rai amgylchiadau.	Mae erthyliad yn iawn waeth beth fo'r amgylchiadau.
Dylen ni geisio rhoi diwedd ar bob dioddef.		Mae dioddefaint yn rhan o fywyd a dylid gadael iddo barhau.
Does dim bywyd y tu hwnt i'r ddaear.	Efallai bod bywyd y tu hwnt i'r ddaear.	Rhaid bod bywyd yn rhywle y tu hwnt i'r ddaear.
Mae gen i'r hawl i wisgo a gwrando ar beth fynna i.		Dylai rhai ffasiynau a rhai mathau o gerddoriaeth gael eu rheoli er mwyn cadw popeth cyhoeddus yn weddus.

Credoau Ynys Bellennig

Ar Radio 4 mae rhaglen o'r enw 'Desert Island Discs' lle mae rhywun enwog bob wythnos yn cael dewis wyth darn o gerddoriaeth, un llyfr ac un eitem foethus i fynd gyda nhw petaent byth yn cael eu gadael ar ynys bellennig. Petai llongddrylliad yn eich gadael chi ar ynys bellennig, pa wyth cred fuasech chi'n eu dewis i fynd gyda chi? Gallwch ddefnyddio'r credoau o'r tabl uchod a/neu ddefnyddio eich credoau eich hun.

"Mater i fi yw i ba grefydd rydw i'n perthyn."

Mae Erthygl 9 yn derbyn mai mater o ddewis personol yw crefydd, a'i fod yn effeithio ar hunaniaeth unigolyn. Mae'r astudiaeth achos isod yn dangos fod Erthygl 9 yn nodi crefydd fel penderfyniad i'r unigolyn, nid fel label gan y wladwriaeth.

Achos Sinan Isik

Ym mis Medi 2004 apeliodd gŵr o Dwrci o'r enw Sinan Isik yn erbyn cyfraith oedd yn mynnu ei fod yn datgan ei grefydd ar gerdyn adnabod. Mae Mr Isik yn dilyn crefydd 'Alevi', ffydd draddodiadol o Dwrci y dylanwadwyd arni gan Swffistiaeth a chredoau cyn-Islamaidd. Ond y grefydd a nodwyd ar ei gerdyn adnabod oedd 'Islam'. I ddechrau, gofynnodd Mr Isik a oedd modd gosod 'Alevi' yn lle 'Islam' ar ei gerdyn adnabod. Gwrthododd y llysoedd ei gais, gan ddweud mai is-grŵp o Islam oedd 'Alevi'. Aeth Mr Isik â'i achos i Oruchaf Lys Apeliadau Twrci. Dadl Mr Isik oedd bod y gofyniad i ddatgan ei gredoau a'u gosod ar gerdyn adnabod i bawb eu gweld yn groes i'w hawliau dynol.

Ym mis Rhagfyr 2004 cadarnhaodd Goruchaf Lys Apeliadau Twrci y dyfarniad gwreiddiol oedd yn mynnu bod Mr Isik yn parhau i ddatgan ar ei gerdyn adnabod mai Mwslim ydoedd. Ym mis Gorffennaf 2005 cyflwynodd Mr Isik gŵyn i Lys Hawliau Dynol Ewrop (LlHDE) yn datgan bod Twrci yn torri Erthygl 9 trwy ofyn iddo ddatgan ei gredoau ar ddogfen swyddogol. Er bod Erthygl 9 yn gwarchod rhyddid crefydd unigolyn, dywed rhan 2 o'r Erthygl na all gwladwriaeth na gwlad ofyn am wybod beth yw cred neu grefydd rhywun yn ôl y gyfraith os nad yw hynny er budd diogelwch y cyhoedd, i warchod trefn, iechyd neu foesau cyhoeddus, neu i warchod hawliau a rhyddid eraill. Newidiodd Twrci y gyfraith yn 2006, fel bod gan bobl y dewis i adael yr adran am eu cred grefyddol yn wag.

Yn 2010 dyfarnodd LlHDE fod gweithred Twrci yn mynnu bod unigolyn yn datgan ei grefydd yn groes i Erthygl 9. Dyfarnodd hefyd fod y newid yn y gyfraith yn 2006 oedd yn galluogi ymgeisydd i adael yr adran am grefydd yn wag, yn dal i 'roi rheidrwydd ar yr unigolyn i ddatgelu, yn erbyn ei ewyllys neu ei hewyllys, wybodaeth ynghylch agwedd o'i grefydd neu ei chrefydd neu argyhoeddiadau mwyaf personol' ac y dylid tynnu'r dewis hwn hefyd o'r broses ymgeisio.

Pam y dyfarnodd LlHDE fod Twrci yn anghywir i labelu Mr Isik fel Mwslim?

Mae'r astudiaeth achos yn dangos rôl bwysig crefydd o ran helpu i adnabod beth yw system gred rhywun. Roedd Mr Isik yn teimlo nad oedd y gair 'Islam' ar ei gerdyn adnabod yn adlewyrchu ei gred mewn 'Alevi' ac nad oedd cael ei labelu fel Mwslim yn rhoi darlun cywir o'i gredoau na'i werthoedd. Mae'r astudiaeth achos hefyd yn amlygu'r ffaith fod crefydd yn fater o ddewis personol, ac na ddylid gorfodi rhywun i ddangos na dweud wrth eraill beth yw ei grefydd neu ei chrefydd os nad yw'n yw'n dewis gwneud hynny.

> " **A ddylai fy nghredoau effeithio ar foesoldeb rhywun arall?** "

Gall credoau ddisgyn i ddau gategori: credoau cyffredinol a chredoau personol. Weithiau, mae pobl yn meddwl bod eu credoau nhw yn gredoau cyffredinol ac y dylai pawb arall hefyd eu credu. Mae moesoldeb yn aml yn air sy'n cael ei ddefnyddio i ddisgrifio gweithredoedd neu gredoau y mwyafrif; er enghraifft, 'nid yw'n iawn llofruddio'. Mae perygl i unigolyn sy'n byw mewn cymdeithas o bobl sydd â chredoau cyffredinol gwahanol i'w gredoau e golli ei ryddid o ran meddwl, cydwybod a chrefydd. Er mwyn ymchwilio i hyn, byddwn yn edrych ar dri phwnc - llysieuaeth, erthyliad ac ewthanasia.

Diffiniad y Gymdeithas Lysieuol o lysieuwr yw: "Rhywun sydd yn byw ar ddeiet o rawn, corbys, cnau, hadau, llysiau a ffrwythau gyda neu heb gynnyrch llaeth ac wyau. Nid yw llysieuwr yn bwyta unrhyw gig, dofednod, helgig, pysgod, pysgod cregyn nac is-gynhyrchion lladd."

Poblogaeth y DU yn 2012 oedd 62.3 miliwn*, ac yn ôl y Gymdeithas Lysieuol mae'r ystadegau diweddaraf yn dangos bod 2% o oedolion a phlant yn llysieuwyr ** (heb fod yn bwyta cig na physgod); mae hyn yn fwy nag 1.2 miliwn o unigolion. (*Swyddfa Ystadegau Genedlaethol, ** Arolwg Cenedlaethol o Ddeiet a Maeth, 2012). O ran cymhariaeth, 1.5% yw canran y Mwslimiaid yng Nghymru.

Mae sawl rheswm pam mae pobl yn dewis bod yn llysieuwyr:

Darllenwch trwy'r '10 rheswm pam fy mod i'n llysieuwr' a'u grwpio i dri chategori: a) moesegol, b) iechyd a c) amgylcheddol.

10 rheswm pam fy mod i'n llysieuwr

1. Mae fforestydd trofannol yn Brazil a rhanbarthau trofannol eraill yn cael eu dinistrio'n ddyddiol, yn rhannol er mwyn creu mwy o dir i fagu da byw. Trwy beidio â chefnogi'r diwydiant cig, rwy'n uniongyrchol yn lleihau'r galw i ddinistrio'r trysorau naturiol hyn. Gan fod tir y goedwig yn 'hidlo' ein cyflenwad aer ac yn cynnwys ffynonellau botanegol i ddatblygu meddyginiaethau newydd, mae'r dinistr hwn yn barhaol.

2. Parch at bethau byw sy'n gallu teimlo. Rwy'n dangos fy niolch i'm Creawdwr(wyr) trwy fwyta mor isel ar y gadwyn fwyd ag sy'n bosib.

3. Mae'n cymryd 78 calori o ddanwydd ffosil i gynhyrchu un calori o brotein cig eidion; 35 calori i un calori o borc; 22 calori i un o gig dofednod; ond dim ond un calori o ddanwydd ffosil i gynhyrchu un calori o ffa soya. Trwy fwyta bwydydd planhigion yn lle anifeiliaid, rwy'n helpu i gadw ein ffynonellau ynni anadnewyddadwy.

4. Fydd hi ddim yn bosib cael heddwch ymysg pobl tra bod pobl yn rhyfela yn erbyn ffurfiau eraill o fywyd datblygedig.

5. Mae mwy o fraster, ac yn enwedig brasterau dirlawn, mewn cig nag sydd yn y rhan fwyaf o blanhigion. Nid yw planhigion yn cynnwys colesterol.

6. Dyw peidio â bwyta anifeiliaid ddim yn llawer o aberth o'i chymharu ag aberth yr anifail – ei fywyd.

7. Mae anifeiliaid yn cario llawer o facteria a firysau, rhai ohonyn nhw'n eithaf peryglus. Pan fydda i'n bwyta cig, rwy'n bwyta'r organebau yn y cig. Mae micro-organebau mewn planhigion hefyd, ond mae llawer llai ohonyn nhw a dydyn nhw ddim mor beryglus â chig i iechyd pobl.

8. Mae angen tair i 15 gwaith yn fwy o ddŵr i gynhyrchu protein anifeiliaid o'i gymharu â phrotein llysiau. Fel llysieuwr, rwy'n cyfrannu at gadw dŵr.

9. Mae cig yn brin o garbohydradau, yn enwedig starts, sydd mor hanfodol i iechyd.

10. Rwy'n credu mewn dull di-drais. Mae lladd yn drais.

Ffynhonnell: http://www.britishmeat.com/49.htm

Gall rhywun ddewis bod yn llysieuwr am nifer o resymau, ond yr un yw'r gofynion i bob llysieuwr, sef peidio â bwyta cig a physgod. Tra bod rhai pobl yn llysieuwyr yn bennaf er eu hiechyd a'u lles nhw eu hunain, mae eraill yn llysieuwyr yn bennaf er iechyd a lles anifeiliaid.

GRADDFA LLES PWY:

Safbwynt 1: Oherwydd bod lles anifeiliaid yn fwy pwysig

Safbwynt 2: Oherwydd bod lles dynion ac anifeiliaid yn bwysig

Safbwynt 3: Oherwydd bod fy iechyd a'm lles i yn fwy pwysig

Dewiswch un rheswm o weithgaredd 27 i bob un o'r tri safbwynt ar 'Raddfa Lles Pwy?' Rhaid i chi allu egluro pam rydych chi wedi dewis y rheswm i gyd fynd â'r safbwynt.

Bydd rhai o'r rheiny sy'n canolbwyntio ar Safbwynt 1 yn credu bod y weithred o ladd anifail yn llofruddiaeth. Mae Jainiaeth, crefydd hynafol o India, yn dysgu bod ymwneud yn uniongyrchol neu'n anuniongyrchol â lladd anifail yn weithred o drais, ac felly yn effeithio ar Karma unigolyn. Mae llawer o Fwdhyddion a Hindŵiaid hefyd yn dewis bod yn llysieuwyr am y rheswm hwn.

MAE LLADD ANIFEILIAID YN LLOFRUDDIAETH

GWEITHGAREDD 29

a) Trafodwch gyda phartner neu fel dosbarth sut mae byw ymysg pobl sy'n credu bod lladd anifeiliaid yn iawn yn effeithio ar lysieuwyr sy'n credu bod lladd anifeiliaid yn anghywir.

b) Uchod gofynnir y cwestiwn 'A ddylai fy nghredoau effeithio ar foesoldeb rhywun arall?' A ddylai barn y sawl sy'n meddwl mai llofruddiaeth yw cig effeithio ar weithredoedd pobl eraill? Rhowch resymau dros eich atebion.

Erthyliad a sancteiddrwydd bywyd

GWEITHGAREDD 30

HELA'R GAIR:

i) Chwiliwch am y gair 'sancteiddrwydd' mewn geiriadur.

ii) Ysgrifennwch un gair o'r diffiniad a chwiliwch am y gair hwnnw yn y geiriadur.

iii) Ysgrifennwch un gair o'r diffiniad o'r gair newydd a chwiliwch am y gair hwnnw yn y geiriadur.

iv) Gwnewch hyn hyd nes i chi ddod o hyd i'r gair 'sancteiddrwydd' yn y diffiniad.

v) Fedrwch chi chwilio am bedwar, pump neu chwech gair cyn i 'sanctaidd' ymddangos mewn diffiniad?

vi) Fel dosbarth, dewch o hyd i ddiffiniad o'r term 'sancteiddrwydd bywyd'.

Mae crefyddau'r Gorllewin a chrefyddau'r Dwyrain yn credu mewn sancteiddrwydd bywyd. Mae dilynwyr crefyddau'r Gorllewin yn credu bod bodau dynol yn sanctaidd oherwydd bod Duw wedi'u creu ar ei 'ddelw' ei hun. Mae Jainiaid a llawer o Hindŵiaid yn ystyried bod pob bywyd yn sanctaidd oherwydd bod pawb yn rhan o Dduw, ac felly bod angen trin pawb â pharch a thrugaredd. Yn yr adrannau isod ar erthyliad ac ewthanasia, bydd gofyn i ni fyfyrio ar sut mae credu'n gryf mewn 'sancteiddrwydd bywyd' yn effeithio ar farn unigolyn am erthyliad ac ewthanasia.

Pryd mae bywyd yn dechrau?

Mae'r cyfreithiau ynghylch hawliau ffetws yn amrywio o un wlad i'r llall. Yng Ngweriniaeth Iwerddon, mae'r ffetws yn cael ei ystyried yn fod dynol o'r eiliaid mae'n cael ei genhedlu. Maen nhw felly'n credu bod ganddo'r un hawliau ag unrhyw fod dynol arall, ac oherwydd hynny mae'n cael ei warchod rhag cael ei ladd (oni bai ei fod yn peryglu bywyd y fam). Does dim diffiniad cyfreithiol o ddechreuad bywyd yn y DU. Pryd mae bywyd yn dechrau? Pryd mae bod dynol yn dod yn fod dynol? Mae llawer o bobl grefyddol a phobl ddigrefydd yn credu bod hwn yn gwestiwn pwysig iawn.

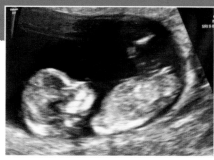

12fed wythnos beichiogrwydd
(rhyw 4cm o hyd)

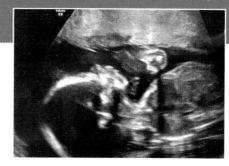

20fed wythnos beichiogrwydd
(rhyw 28 cm o hyd)

Mae beichiogrwydd yn para am ryw 40 wythnos. Bydd y dyddiad yn cael ei gyfrifo o ddyddiad mislif diwethaf y fenyw. Mae menyw yn fwyaf tebygol o genhedlu ddwy neu dair wythnos wedi ei mislif. I ddrysu pethau, mae menyw yn fwyaf tebygol o ddod yn feichiog yn ystod ail neu drydedd wythnos ei beichiogrwydd. Mae baban, felly, yn datblygu dros gyfnod o 38 wythnos ar gyfartaledd.

	Hyd beichiogrwydd mewn wythnosau	Wythnosau ers ffrwythloni	Datblygiad	
ffrwythloni	4	2	llygaid, clustiau a thrwyn yn ffurfio	sygot
7 wythnos	4.5	2.5	y galon yn dechrau curo	
	6	4	organau rhyw wedi dechrau datblygu	embryo
14 wythnos	6.5	4.5	y ffetws â'i deip gwaed ei hun	
	7	5	system nerfol y baban yn datblygu	
	8	6	tonnau ymennydd i'w cael	
16 wythnos	10	8	yr holl organau yn bresennol ac yn dechrau gweithredu	ffetws
	14	12	yr ymennydd wedi datblygu'n llawn	
20 wythnos	15	13	gwallt yn dechrau tyfu	
genedigaeth	22	20	y ffetws o bosib yn gallu byw petai'n cael ei eni	
	40	38	Hyd cyfartalog beichiogrwydd	

a) Defnyddiwch y siart uchod i egluro pryd, yn eich barn chi, mae bywyd yn dechrau. Rhowch resymau dros eich ateb.

b) Ydych chi'n meddwl y byddai barn person ynghylch pryd mae bywyd yn dechrau yn effeithio ar ei farn ynghylch pryd y dylai erthyliad gael ei ganiatáu? Rhowch reswm.

c) Ym marn person crefyddol, pryd mae 'sancteiddrwydd bywyd' yn dechrau? Rhowch reswm.

Erthyliad a'r gyfraith

Mae erthyliad yn parhau i fod yn bwnc llosg ledled y byd. Tra bod y rhan fwyaf o wledydd yn caniatáu erthyliad i achub bywyd menyw, mae cyfreithiau rhai gwledydd yn cyfyngu erthyliad i amgylchiadau penodol. Mae'r gyfraith ar erthyliad ar draws gwledydd y byd yn rhannu i bump categori:

1) Dim yn cael ei ganiatáu.
2) Yn cael ei ganiatáu yn unig i achub bywyd y fenyw.
3) Yn cael ei ganiatáu i amddiffyn iechyd corfforol ac o bosibl iechyd meddyliol y fenyw.
4) Yn cael ei ganiatáu ar ôl ystyried oed a/neu statws economaidd, statws priodasol, iechyd corfforol ac iechyd meddyliol y fenyw.
5) Yn cael ei ganiatáu am unrhyw reswm.

Tabl yn dangos dan pa amgylchiadau yr oedd erthyliad yn 2013 yn cael ei ganiatáu ym mhob un o wledydd y byd. Y gwledydd yn y golofn goch sy'n cyfyngu erthyliad fwyaf, a'r gwledydd yn y golofn werdd sy'n cyfyngu erthyliad leiaf.

1. Er mwyn arbed bywyd y fam, neu wedi'i wahardd yn lwyr		2. I warchod iechyd y fam (hefyd i arbed bywyd y fam)		3. Am resymau cymdeithasol ac economaidd (hefyd i arbed bywyd y fam)	4. Dim cyfyngu o gwbl	
Afghanistan	Mauritania	Algeria	Seland Newydd	Barbados	Albania	Moldova
Andorra	Mexico	Yr Ariannin	Niger	Belize	Armenia	Mongolia
Angola	Micronesia	Bahamas	Gogledd	Cyprus	Awstralia	Montenegro
Antigua & Barbuda	Myanmar	Benin	Iwerddon	Fiji	Awstria	Nepal
Bangladesh	Nicaragua	Bolivia	Pakistan	Y Ffindir	Azerbaijan	Yr Iseldiroedd
Bhutan	Nigeria	Botswana	Peru	Prydain Fawr	Bahrain	Norwy
Brazil	Oman	Burkina Faso	Gwlad Pwyl	Hong Kong	Belarus	Portugal
Brunei Darussalam	Palau–U	Burundi	Qatar	Gwlad yr Iâ	Gwlad Belg	Puerto Rico
Gweriniaeth Canol Affrica	Panama	Cameroon	Gweriniaeth Korea	India	Bosnia-Herzegovina	Romania
Chile	Papua New Guinea	Chad	Rwanda	Japan	Bulgaria	Ffederasiwn Rwsia
Congo (Brazzaville)	Paraguay	Colombia	Saint Kitts & Nevis	Saint Vincent & Grenadines	Cambodia	Serbia
Côte d'Ivoire	Philippines	Comoros	Saint Lucia	Taiwan	Canada	Singapore
Gweriniaeth Ddemocrataidd y Congo	San Marino	Costa Rica	Samoa	Zambia	Cape Verde	Gweriniaeth Slovac
Dominica	Sao Tome & Principe	Djibouti	Saudi Arabia		China	Slovenia
Gweriniaeth Dominica	Senegal	Ecuador	Seychelles	*13 gwlad, 21.58% o boblogaeth y byd*	Croatia	De Affrica
Yr Aifft	Ynysoedd Soloman	Equatorial Guinea	Sierra Leone		Cuba	Sbaen
El Salvador	Somalia	Eritrea	Swaziland		Gweriniaeth Czech	Sweden
Gabon	De Sudan	Ethiopia	Thailand		Gweriniaeth Ddemocrataidd Pobl Korea	Y Swistir
Guatemala	Sri Lanka	Gambia	Togo		Denmarc	Tajikistan
Guinea-Bissau	Sudan	Ghana	Trinidad & Tobago		Estonia	Tunisia
Haiti	Suriname	Grenada	Vanuatu		Ffrainc	Twrci
Honduras	Syria	Guinea	Zimbabwe		Gweriniaeth Yugoslavia gynt	Turkmenistan
Indonesia	Tanzania	Israel			Macedonia	Ukraine
Iran	Timor-Leste	Jamaica	*59 gwlad, 13.75% o boblogaeth y byd*		Georgia	Yr Unol Daleithiau
Iraq	Tonga	Jordan			Yr Almaen	Uruguay
Iwerddon	Tuvalu	Kenya			Gwlad Groeg	Uzbekistan
Kiribati	Uganda	Kuwait			Guyana	
Laos	Emiradau Arabaidd Unedig	Liberia			Hwngari	*61 gwlad, 39.22% o boblogaeth y byd*
Lebanon	Venezuela	Liechtenstein			Yr Eidal	
Libya	Y Lan Orllewinol a Llain Gazza	Lesotho			Kazakhstan	
Madagascar	Yemen	Malaysia			Kosovo	
Malawi		Maldives			Kyrgyzstan	
Mali	*66 gwlad, 25.64% o boblogaeth y byd*	Mauritius			Latvia	
Malta		Monaco			Lithuania	
Ynysoedd Marshall		Morocco			Luxembourg	
		Mozambique				
		Namibia				
		Nauru				

A ddylai credoau rhywun arall effeithio ar fy moesoldeb i?

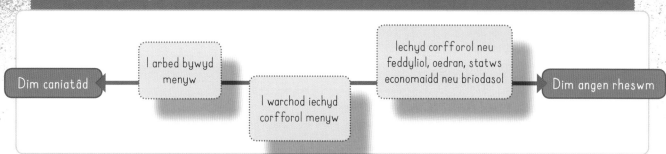

Gallwn ddefnyddio'r pump categori hyn hefyd i ddisgrifio barn pobl ar y cwestiwn 'A yw erthyliad yn foesol?'

Dim caniatâd ← I arbed bywyd menyw ← I warchod iechyd corfforol menyw → Iechyd corfforol neu feddyliol, oedran, statws economaidd neu briodasol → Dim angen rheswm

GWEITHGAREDD 32

a) Gyda pha gategori ydych chi'n cytuno? Eglurwch pam.

b) Sut byddai credu'n gryf mewn sancteiddrwydd bywyd yn dylanwadu ar benderfyniad rhywun?

Y diffiniad o 'erthyliad' yw 'terfynu beichiogrwydd dynol yn fwriadol'. Cafodd erthyliad ei gyfreithloni yn y DU yn 1968 er mwyn gwarchod menywod bregus rhag mynd at 'erthylwyr stryd gefn' a oedd yn cyflawni erthyliadau dan amodau gwael ac felly'n peryglu bywyd menywod. Yn ôl Deddf Erthylu 1967 gall menyw gael erthyliad os:

a) Bydd dau feddyg yn cytuno bod angen erthyliad;

b) Nad yw'r ffetws yn hyfyw, h.y. cyn 28 wythnos. (Newidiwyd hyn i 24 wythnos yn 1990.)

Tan 1990 roedd hi'n gyfreithlon i gyflawni erthyliad ffetws iach hyd at 28 wythnos, ond wedyn cafodd oed y ffetws ei ostwng i 24 wythnos. Oherwydd datblygiadau mewn technoleg, mae mwy o fabanod sy'n cael eu geni ar ôl 24 wythnos yn goroesi heb fawr ddim cymhlethdodau. Felly, ailddiffiniodd meddygon y cyfnod pryd mae ffetws yn cael ei ystyried yn hyfyw (h.y. bod ganddo siawns dda o fyw heb fod y tu mewn i'w fam). Mae'n gyfreithlon i gael erthyliad ar unrhyw adeg os yw'r baban yn debyg o fod dan anfantais ddifrifol neu os yw'r beichiogrwydd yn bygwth iechyd y fam.

Detholiad o: 'Ystadegau am Erthylu, Cymru a Lloegr: 2013 Crynodeb o wybodaeth o'r ffurflenni hysbysu am erthyliad a ddychwelwyd i Brif Swyddogion Meddygol Cymru a Lloegr.'

[Yng Nghymru a Lloegr] rhaid i erthyliad a berir yn gyfreithlon gael ei ardystio gan ddau feddyg cofrestredig fel ei fod wedi ei gyfiawnhau ar un neu fwy o'r seiliau isod:

A) byddai parhad y beichiogrwydd yn golygu perygl i fywyd y fenyw feichiog mwy na phe terfynid y beichiogrwydd (Deddf Erthylu, 1967 fel y'i diwygiwyd, adran 1(1)(c))

B) mae angen terfynu i atal anaf parhaol difrifol i iechyd corfforol neu feddyliol y fenyw feichiog

C) nid yw'r beichiogrwydd wedi mynd heibio ei bedwerydd wythnos ar hugain a byddai parhad y beichiogrwydd yn golygu perygl, mwy na phe terfynid y beichiogrwydd, o anaf i iechyd corfforol neu feddyliol y fenyw feichiog

Ch) nid yw'r beichiogrwydd wedi mynd heibio ei bedwaredd wythnos ar hugain a byddai parhad y beichiogrwydd yn golygu perygl, mwy na phe terfynid y beichiogrwydd, o anaf i iechyd corfforol neu feddyliol unrhyw rai o blant presennol teulu'r fenyw feichiog.

D) mae perygl sylweddol, petai'r plentyn yn cael ei eni, y byddai'n dioddef y fath abnormaleddau corfforol neu feddyliol fel y byddai dan anfantais ddifrifol.

neu, mewn argyfwng, a ardystiwyd gan y meddyg wrth ei waith fod ei angen ar unwaith:

Dd) i achub bywyd y fenyw feichiog.

E) i atal anaf parhaol difrifol i iechyd corfforol neu feddyliol y fenyw feichiog.

Fe welwch isod chwech sefyllfa bosibl a allai arwain rhywun i ystyried erthyliad.

a) Cyfatebwch y dadleuon o blaid ac yn erbyn erthyliad ym mhob un o'r chwech sefyllfa.

b) Trafodwch pa resymau dros erthyliad (fel sy'n cael eu nodi yn yr adroddiad 'Ystadegau am Erthylu' A-E), sy'n berthnasol i bob un o'r chwech sefyllfa.

c) Yn eich barn chi, ym mha sefyllfa, os o gwbl, byddai cael erthyliad yn angenrheidiol? Rhowch resymau dros eich ateb.

ch) I bob enghraifft, trafodwch sut gallai'r gred mewn 'sancteiddrwydd bywyd' effeithio ar benderfyniad yr unigolyn.

Sefyllfaoedd posibl

1 Dwi'n bymtheg oed ac yn astudio ar gyfer TGAU. Dwi'n feichiog.

2 Cefais fy nhreisio ac rwy'n feichiog. Dwi'n casáu'r treisiwr a dwi'n casáu'r plentyn hwn.

3 Mae fy ngŵr wedi bod dramor ers 6 mis. Dwi wedi bod yn cael affêr a nawr dwi'n feichiog. Dwi'n caru fy ngŵr a dwi ddim am iddo ddod i wybod.

4 Mae gennyn ni dri phlentyn. Rydyn ni'n byw mewn fflat dwy ystafell wely. Mae fy ngŵr a minnau yn ddi-waith. Does gennyn ni ddim lle i blentyn arall a fedrwn ni ddim fforddio ei fwydo.

5 Dwi chwe mis yn feichiog ac roeddwn i eisiau'r plentyn. Mae'r meddyg yn dweud os bydda i'n parhau â'r beichiogrwydd hwn, bydd yn fy lladd.

6 Dwi newydd gael cynnig swydd dda. Roeddwn i eisiau'r swydd ers amser. Dydy fy ngŵr ddim yn gwybod fy mod yn feichiog.

Canlyniad trosedd yw'r plentyn; fe fydd yn f'atgoffa o gael fy nhreisio.

Byddai'n bosibl rhoi'r plentyn i deulu cyfoethocach, ac fe allen ni ei gael yn ôl wedyn.

Gallai gwyrth fy achub i a'r plentyn.

Dwi'n ifanc; bydd cael y plentyn hwn yn difetha fy mywyd.

Trwy beidio â chaniatáu erthyliadau i ferched yn eu harddegau, bydd yn rhaid i bobl wynebu eu cyfrifoldeb.

Bydd terfynu'r beichiogrwydd hwn yn gwneud yn siŵr bod fy mhriodas yn para.

Nid bai'r plentyn yw e fy mod i wedi cael affêr.

Bydd cael y plentyn hwn yn difetha fy ngyrfa.

Rydyn ni'n dlawd; fydd y plentyn ddim yn cael bywyd da.

Nid bai'r plentyn yw e fy mod wedi cael fy nhreisio.

Os na cha' i erthyliad, fe fydda i a'r plentyn yn marw.

Mae rhai menywod yn darganfod bod bod yn fam yn well nag unrhyw swydd.

Bywyd pwy sydd bwysicaf?

Mae llawer o'r dadleuon o blaid erthyliad yn canolbwyntio ar hawliau'r fam/fenyw, a'r dadleuon yn erbyn erthyliad yn canolbwyntio ar hawliau'r baban/ffetws. Mae'n ddadl emosiynol iawn am ei bod yn ymwneud â bywydau a phrofiadau go iawn. Mae iaith emosiynol yn cael ei defnyddio ar wefannau ac mewn deunydd hyrwyddo sy'n cael eu cynhyrchu gan fudiadau sydd yn erbyn erthyliad. Er enghraifft, y geiriau *baban* a *mam* sy'n cael eu defnyddio gan y rheiny sydd yn erbyn erthyliad, tra bod y rheiny sydd o blaid erthyliad yn defnyddio'r geiriau *ffetws* a *menyw*. Mae'r rhai sy'n dadlau o blaid erthyliad fel arfer yn cael eu galw yn bobl o **blaid dewis** am eu bod yn cefnogi hawl menyw i ddewis beth sy'n digwydd i'w chorff ei hun. Mae'r rhai sy'n dadlau yn erbyn erthyliad yn aml yn cael eu galw yn bobl o **blaid bywyd** am eu bod yn cefnogi hawl y plentyn i fyw. Fel yr awgryma'r pump categori uchod, mae'r ddadl yn gymhleth am fod rhai pobl yn credu nad yw erthyliad byth yn iawn, rhai yn credu bod erthyliad bob tro yn iawn, ac eraill yn credu rhywbeth yn y canol.

Ystadegau am erthyliadau:

Mae gan yr Adran Iechyd gyfrifoldeb i fonitro'r Ddeddf Erthyliad. Mae ganddyn nhw brosesau i sicrhau bod erthyliadau yn cael eu cyflawni am y rhesymau iawn. Mae adroddiad blynyddol yn cynnwys gwybodaeth fel nifer yr erthyliadau a gafwyd y flwyddyn honno, oed ac ethnigrwydd y rheiny a gafodd erthyliad, a nifer yr erthyliadau o fewn siroedd unigol ar draws Cymru a Lloegr. Mae'r data hefyd yn nodi pam y dewisodd y fenyw gael erthyliad a beth yw ei statws priodasol. Mae'r adroddiad hwn ar gael ar-lein.

Mae'r tabl isod yn dangos nifer yr erthyliadau cyfreithlon rhwng 1968 a 1971, sef y pedair blynedd gyntaf ar ôl i'r Ddeddf Erthyliad ddod i rym, a hefyd nifer yr erthyliadau am y pedair blynedd rhwng 2010 a 2013.

Blwyddyn	Genedigaethau byw (yng Nghymru a Lloegr)	Erthyliadau (cyfanswm)	Erthyliadau (trigolion Cymru a Lloegr yn unig)	O bob menyw a oedd yn feichiog, pa ganran gafodd erthyliad?
1968	819,272	23,641	22,332	
1969	797,538	54,819	49,829	
1970	784,486	86,565	75,962	
1971	783,155	126,777	94,570	
2010	723,165	196,109	189,574	
2011	723,913	196,082	189,931	
2012	729,674	190.972	185,122	
2013	689,512	190,800	185,331	21.2%

Gwybodaeth o: https://www.gov.uk/government/uploads/system/uploads/attachment_data/ file/319460/Abortion_Statistics__England_and_Wales_2013.pdf and http://www.ons.gov.uk/ ons/publications/re-reference-tables.html?edition=tcm%3A77-314475

GWEITHGAREDD 34

a) Cyfrifwch pa ganran o'r holl fenywod a oedd yn feichiog yng Nghymru a Lloegr gafodd erthyliad. Llenwch y golofn i bob blwyddyn.

b) Faint o fenywod nad oedden nhw'n byw yng Nghymru na Lloegr gafodd erthyliad yn 2013? Pa ganran (%) o gyfanswm nifer yr erthyliadau yn y flwyddyn honno yw hyn?

c) Cymharwch b) â 1971.

ch) Ar gyfartaledd, sawl erthyliad sy'n digwydd bob dydd yng Nghymru a Lloegr?

d) Yn fras, o gyfanswm nifer y menywod beichiog rhwng 2010 a 2013, pa ffracsiwn gafodd erthyliad?

dd) Trafodwch y sgiliau rhifedd wnaethoch chi eu defnyddio yn y gweithgaredd hwn. Eglurwch pa ddulliau ddefnyddioch chi i gyfrifo'r ffigurau cywir.

e) Pa ystadegau wnaeth eich synnu chi?

Mae'r adroddiad blynyddol yn nodi nifer y menywod ddaeth o'r tu allan i Gymru a Lloegr i gael erthyliad, a'r gwledydd y daethon nhw ohonyn nhw. Dyma ddetholiad o adroddiad 2013:

Menywod sy'n byw y tu allan i Gymru a Lloegr

Yn 2013, cafodd 5,469 o fenywod oedd yn byw y tu allan i Gymru a Lloegr erthyliadau, o'u cymharu â 5,850 yn 2012. O Weriniaeth Iwerddon y daeth y mwyafrif (67%), gyda 15% yn dod o Ogledd Iwerddon. Mae nifer yr erthyliadau ymhlith menywod nad ydynt yn byw yng Nghymru a Lloegr wedi gostwng bob blwyddyn ers 2003: 9,078 oedd y ffigur bryd hynny. Cyfanswm 2013 yw'r isaf am unrhyw flwyddyn er 1969.

GWEITHGAREDD 35

a) Pam mae menywod o Weriniaeth Iwerddon a Gogledd Iwerddon yn dod i Gymru neu Loegr i gael erthyliad?

b) Ceisiwch gyfatebu'r categori (tud 61) â'r wlad gywir.

Gweriniaeth Iwerddon ☐

Gogledd Iwerddon ☐

Cymru a Lloegr ☐

UDA ☐

Dysgeidiaeth grefyddol ar erthyliad

Does dim llawer o ddysgeidiaeth uniongyrchol ar erthyliad i'w gweld mewn llyfrau sanctaidd. Daw credoau pobl am erthyliad o'r syniad crefyddol am 'sancteiddrwydd bywyd'. Yn ôl y cyfrifiad yng Ngweriniaeth Iwerddon yn 2011, mae 84.2% o'r boblogaeth yn Babyddion, sef yn perthyn i'r Eglwys Gatholig Rufeinig. Mae safbwynt Pabyddiaeth ar erthyliad yn gryf o blaid bywyd. Dyna pam mae cyfreithiau llym yng Ngweriniaeth Iwerddon ynghylch pwy all gael erthyliad.

Byddai dysgeidiaeth Babyddol yn dadlau nad yw Duw fyth yn caniatáu erthyliad am iddo Ef greu rhyw er mwyn creu plant; mae'r ddeddf grefyddol yn gorchymyn 'na ladd', a bydd y sawl sy'n 'lladd', am ba bynnag reswm, yn wynebu canlyniadau eu gweithredoedd. Mae'r Eglwys yng Nghymru yn ystyried bywyd y fam yn sanctaidd, ac yn caniatáu erthyliad os yw'r beichiogrwydd yn fygythiad i'w bywyd, fel yn achos beichiogrwydd ectopig, lle mae'r wy ffrwythlon wedi glynu yn rhywle y tu allan i'r groth, er enghraifft, leinin y tiwb Fallopio. Er bod barn pobl grefyddol ar erthyliad yn amrywio, mae'n amlwg bod y crefyddau yn ystyried bywyd ffetws yn bwysig iawn.

CRISTNOGAETH AC IDDEWIAETH

Exodus 21:22-24 [22] Os bydd dynion yn ymladd ac yn taro gwraig feichiog, a hithau'n colli'r plentyn, ond heb gael unrhyw niwed pellach, rhaid i'r dyn wnaeth ei tharo gael ei gosbi a thalu faint bynnag o iawndal mae gŵr y wraig yn ei hawlio a'r llys yn ei ganiatáu.

[23] Ond os ydy'r wraig ei hun yn cael niwed difrifol, rhaid i'r gosb gyfateb: Y ddedfryd fydd, bywyd am fywyd, [24] llygad am lygad, dant am ddant, llaw am law, troed am droed, [25] llosg am losg, anaf am anaf, clais am glais.

Exsodus 20:13 Paid llofruddio.

CRISTNOGAETH

Dysgeidiaeth o'r Eglwys Gatholig Rufeinig:

'O funud gyntaf ei fodolaeth, rhaid cydnabod bod gan fod dynol hawliau – ac ymysg y rhain y mae hawl ddiymwâd i fywyd.' (Catecism yr Eglwys Gatholig Rufeinig 2270).

ISLAM

Qur'an 7:31: Ac na laddwch eich plant oherwydd eich bod yn ofni tlodi. Yr ydym yn darparu drostynt a throsoch chwithiau. Yn wir, mae eu lladd yn bechod mwy.

Qur'an 5:32: "Pwy bynnag a arbedodd fywyd enaid, y mae fel pe bai wedi arbed bywyd pawb. Pwy bynnag a laddodd enaid, mae fel pe bai wedi llofruddio dynoliaeth gyfan.

ISLAM

Yn y grefydd Islamaidd mae sawl barn ynghylch moesoldeb erthyliad.

Mae Islam yn rhoi blaenoriaeth i sancteiddrwydd bywyd.

Mewn sawl gwlad Islamaidd, mae'r ddeddfwriaeth yn seiliedig ar gyfraith grefyddol.

Mae rhai cyfreithiau Mwslimaidd yn caniatáu erthyliad yn ystod 16 wythnos gyntaf beichiogrwydd, a chyfreithiau eraill yn ei ganiatáu yn ystod y 7 wythnos gyntaf yn unig.

Mae Iran yn caniatáu erthyliad os oes gan y ffetws anhwylderau meddygol neu enetig penodol.

BWDHAETH

James Hughes Ph.D., Cyfarwyddwr Gweithredol y Sefydliad Moeseg a Thechnolegau Ymddangosol:

'Wedi ystyried y pwnc hwn... daw'r rhan fwyaf o Fwdhyddion y Gorllewin a Japan i'r casgliad ei bod hi'n iawn i ganiatáu erthyliad, tra bod Bwdhyddion eraill yn credu mai llofruddiaeth yw erthyliad.'

http://www.changesurfer.com/Bud/Abortion.html

BWDHAETH

'Wrth gwrs, o safbwynt Bwdhaeth, mae erthyliad yn weithred o ladd ac yn negyddol. Ond mae'n dibynnu ar yr amgylchiadau. Os oes nam ar y plentyn yn y groth neu os bydd ei eni yn creu problemau difrifol i'r fam, mae hyn yn eithriad. Rwy'n meddwl y dylai erthyliad gael ei ganiatáu neu ei wahardd yn ôl yr amgylchiadau unigol.'

Cyfweliad gyda'r Dalai Lama, cyhoeddwyd yn The New York Times ym 1993

GWEITHGAREDD 36

Dewiswch un o'r dyfyniadau uchod ac eglurwch sut gallai effeithio ar agwedd person crefyddol tuag at erthyliad.

Ewthanasia – 'marwolaeth dda'

Mae ewthanasia hefyd yn bwnc sy'n gallu creu sefyllfa lle y mae credoau a barn unigolyn yn groes i gredoau a barn y gymdeithas y mae'n byw ynddi. I lawer o bobl grefyddol, gall deddfau ar erthyliad herio eu cred yn sancteiddrwydd bywyd y ffetws. Ar y llaw arall, mae 'ewthanasia gweithredol' (dod â bywyd rhywun sy'n derfynol sâl i ben cyn iddo/iddi farw o'r salwch) yn erbyn y gyfraith yn y DU o hyd.

Diffinio 'ewthanasia'

Ystyr y term 'ewthanasia' yn llythrennol yw 'marwolaeth dda'. Yn y cyfryngau, mae'r term yn cael ei ddefnyddio i gyfeirio at gyflawni dymuniad person sydd â salwch terfynol i roi diwedd ar ei fywyd. Mae dau fath o ewthanasia: mae'r cyntaf, sef ewthanasia gweithredol, yn destun llawer o drafod a dadlau. Mae'r ail fath, sef ewthanasia goddefol, sy'n digwydd yn amlach, yn llai tebygol o ddenu penawdau.

GWEITHGAREDD 37

Cyfatebwch y term, y diffiniad a'r enghraifft gywir.

DIFFINIAD:

Mae unigolyn yn marw am fod meddyg neu rywun arall yn gwneud rhywbeth i roi diwedd ar ei fywyd.

TERM:

Ewthanasia goddefol

TERM:

Ewthanasia gweithredol

ENGHRAIFFT:

Mae unigolyn sydd â salwch terfynol eisiau marw cyn i'r cyflwr waethygu, ond nid yw'n gallu lladd ei hun. Mae ei deulu a'i feddyg yn cytuno i roi chwistrelliad iddo sy'n mynd i'w ladd.

ENGHRAIFFT:

Mae unigolyn ar beiriant cynnal bywyd ac mae'r meddyg a'r teulu yn cytuno i ddiffodd y peiriant.

DIFFINIAD:

Mae unigolyn yn marw am nad yw meddyg yn rhoi triniaeth iddo a allai achub ei fywyd, neu am fod meddyg yn stopio triniaeth a allai achub ei fywyd.

Y ddadl am ewthanasia

Fel y dadleuon am erthyliad, mae'r dadleuon am ewthanasia hefyd yn troi o gwmpas yr hawl i fyw a'r hawl i ddewis. Mae ewthanasia gweithredol ar hyn o bryd yn anghyfreithlon yng Nghymru a Lloegr, ond mae nifer yn galw am newid yn y gyfraith. Ar 18 Gorffennaf 2014, trafododd Tŷ'r Arglwyddi fesur a allasai, o'i dderbyn, fod wedi newid y gyfraith fel bod 'hunanladdiad gyda chymorth' yn gyfreithlon. Parodd y ddadl 10 awr, gyda 133 o siaradwyr yn cyfrannu at y ddadl, ac yn trin a thrafod amrywiaeth fawr o bynciau. Mae'r term 'hunanladdiad gyda chymorth' yn ein helpu i ddeall gwrthwynebiad llawer o bobl i'r gyfraith bresennol. Gallai meddygon ac aelodau'r teulu sy'n helpu rhywun i farw gael eu cyhuddo o ddynladdiad neu hyd yn oed lofruddiaeth.

Pa rai o'r gosodiadau hyn sydd yn:

a) ddadleuon dros ewthanasia gweithredol;

b) dadleuon yn erbyn ewthanasia gweithredol.

c) Dewiswch un ddadl o blaid neu un ddadl yn erbyn; a oes gosodiadau sydd yn croes-ddweud y ddadl hon? Eglurwch pam.

ch) Fel dosbarth neu mewn grwpiau bychain, trafodwch y gosodiad 'Mae'n anorfod y bydd y gyfraith yn y pen draw yn caniatáu ewthanasia gweithredol.'

Mae llofrudd yn cael ei gosbi.

Allwch chi ddim wir wybod eich barn ar ewthanasia nes i chi weld dioddefaint un o'ch anwyliaid.

All meddyginiaeth ddim gwella rhai clefydau.

Gwnaeth Duw fodau dynol, nid anifeiliaid, ar ei ddelw ei hun.

Mae gwledydd eraill yn ei ganiatáu!

Mae meddygaeth yn ein cadw ni'n fyw yn hirach nag oedd Duw wedi'i fwriadu.

Rydyn ni'n difa anifeiliaid pan maen nhw'n dioddef.

Mae fy nghrefydd yn dweud 'Paid llofruddio'!

Bu farw fy nhad yn araf a phoenus oherwydd ei salwch terfynol.

Cafodd erthyliad ei gyfreithloni am resymau iechyd, ond mae erthyliad erbyn hyn yn cael ei ddefnyddio fel ffordd o atal cenhedlu. Ydy hi'n iawn i ladd am unrhyw reswm felly?

Mae cyfraith Duw yn cynnwys pawb, beth bynnag yw eu profiad.

Mae fy nghrefydd yn dweud wrtha i i drin eraill fel rydw i am i eraill fy nhrin i.

Mae fy nghrefydd yn dweud wrtha i i drin eraill fel rydw i am i eraill fy nhrin i.

Rhyddid crefydd a'r broses ddemocrataidd

Mae Cymru yn wlad amlddiwylliannol gyda chymysgedd o bobl o wahanol ddiwylliannau, crefyddau a chredoau yn byw ochr yn ochr â'i gilydd. Ni ddylai pobl wfftio safbwyntiau eraill, dim ond am nad ydyn nhw'n cyd-fynd â'u barn nhw. Mae cyfrifoldeb a phroses ddemocrataidd yn ystyried barn pawb.

Hyd yma, rydyn ni wedi ystyried dadleuon o blaid ac yn erbyn tri phwnc. Dewiswch un pwnc, ac mewn grwpiau gyda disgyblion o'r un farn â chi, ysgrifennwch lythyr i'w anfon at eich Aelod Seneddol neu eich Aelod Cynulliad lleol yn amlinellu nifer o ddadleuon clir.

Rhyddid mynegiant

Mae CHDE yn gwarchod hawl person i ddewis ac arfer ei grefydd ac yn atal y wladwriaeth neu'r wlad rhag labelu rhywun ar sail ei gred. Yn 'Credu a Bod' fe fuon ni'n ymchwilio i ffydd mewn cymdeithas amlddiwylliannol. Fe welson ni fod gwahanol gredoau a diwylliannau yn byw gyda'i gilydd a bod gwrthdaro yn gallu codi. Mae angen i lywodraethau ac awdurdodau amddiffyn rhyddid meddwl, cydwybod a chrefydd unigolyn, ac ar yr un pryd roi rhyddid i bobl fynegi eu barn.

Erthygl 10 CHDE:
Rhyddid mynegiant

1. Mae gan bawb yr hawl i ryddid mynegiant. Dylai'r hawl hwn gynnwys y rhyddid i gael barn ac i dderbyn a chyfleu gwybodaeth a syniadau heb ymyrraeth gan awdurdod cyhoeddus a heb ystyried ffiniau. Ni fydd yr Erthygl hon yn atal Gwladwriaethau rhag mynnu trwyddedu mentrau darlledu, teledu neu sinema.

2. Oherwydd bod dyletswyddau a chyfrifoldebau ynghlwm wrth y math hwn o ryddid, mae'r gyfraith yn nodi camau ffurfiol, amodau, cyfyngiadau neu gosbau sy'n angenrheidiol mewn cymdeithas ddemocrataidd, er lles diogelwch cenedlaethol, cywirdeb tiriogaethol neu ddiogelwch y cyhoedd, i atal anhrefn neu drosedd, i warchod iechyd neu foesau, i warchod enw da neu hawliau eraill, i atal datgelu gwybodaeth a dderbyniwyd yn gyfrinachol, neu i gynnal awdurdod a natur ddiduedd y farnwriaeth.

Cafodd Iddewiaeth ac Islam eu sefydlu ar adegau pan oedd pobl yn addoli delwau. Delweddau o anifeiliaid neu wrthrychau y mae pobl yn tybio fod ganddyn nhw bŵer i'w helpu neu i'w cosbi yw 'delwau'. Mae'r Torah a'r Qur'an yn gwahardd addoli delwau, neu 'eilunaddoliaeth'. Cred rhai Iddewon fod yr ail orchymyn yn gwrthwynebu creu gwaith celf, delwau neu eiconau sy'n cynrychioli bodau byw neu wrthrychau nefol. Mae Mwslimiaid yn credu ei bod hi'n amhosib cynrychioli Allah mewn delwedd a bod unrhyw ymgais i'w ddarlunio yn sarhad arno. Mae'r un peth yn wir am Muhammad. Mewn synagogau Uniongred, does dim delweddau o anifeiliaid na phobl. Defnyddir patrymau a chaligraffeg i addurno mosgiau. Felly ar bwy mae'r cyfreithiau hyn yn effeithio?

Mae gan Gymru system seciwlar o gyfraith. Bydd deddfwriaeth yn cael ei thrafod a'i chreu gan bobl sy'n mynegi amrywiaeth o gredoau a barn. Ond mae rhai gwledydd wedi mabwysiadu rhai o'r cyfreithiau Islamaidd, sy'n cael eu galw'n gyfraith 'Sharia', fel rhan o'u fframwaith cyfreithiol. Yn y gwledydd hyn, mae deddfau yn cael eu creu nid yn unig gan wleidyddion ond gan arweinwyr crefyddol hefyd. Mewn gwledydd felly, mae 'cyfreithiau cabledd', sy'n gwahardd delweddau o Muhammad, yn effeithio nid yn unig ar Fwslimiaid ond hefyd ar bobl nad ydyn nhw'n Fwslimiaid.

Mae Ffrainc wedi ceisio dileu'r effaith gaiff crefydd ar wleidyddiaeth y wlad yn llwyr. Mae'n derbyn hawl unigolyn i grefydd, ond yn ei ystyried yn fater personol iawn. Seciwlariaeth yw un o gonglfeini'r weriniaeth Ffrengig, ac felly mae safle crefydd mewn bywyd cyhoeddus wedi'i gyfyngu llawer yn Ffrainc o'i gymharu â'r DU.

Mae'r ddwy astudiaeth achos isod yn darlunio'r gwrthdaro all godi mewn gwledydd wrth geisio cael cydbwysedd rhwng rhyddid crefydd a rhyddid mynegiant.

Yn Ffrainc yn 2011 taflodd eithafwyr Islamaidd fomiau tân at swyddfeydd papur newydd *Charlie Hebdo* oherwydd bod y papur wedi cyhoeddi delweddau cartŵn o Muhammad. Mewn datganiad, dywedodd y Prif Weinidog ar y pryd, François Fillon: "Mae rhyddid mynegiant yn hawl ddiymwâd yn ein democratiaeth, a rhaid condemnio yn llwyr pob ymosodiad ar ryddid y wasg. Ni all yr un achos gyfiawnhau y fath weithred dreisgar." Aeth dau grŵp Islamaidd â'r cylchgrawn i gyfraith am annog hiliaeth yn Ffrainc, ond fe'u cafwyd yn ddieuog gan lys ym Mharis. Ar 7 Ionawr 2015 lladdodd Islamiaid radical y golygydd, Stephane Chabonnier, ac 11 o bobl eraill. Yn dilyn y llofruddiaethau, cyhoeddodd y cylchgrawn fwy o ddelweddau cartŵn. Roedd yr ymateb ledled y byd yn gymysg. Amddiffynnodd y Pab ryddid mynegiant, ond dywedodd fod cyfyngiad ar ba mor bell ddylai pobl fynd, yn enwedig o ran gwawdio crefydd. "Allwch chi ddim pryfocio. Allwch chi ddim sarhau ffydd eraill. Allwch chi ddim gwneud hwyl am ben ffydd eraill. Y mae yna ffin."

Mewn cyfweliad gyda'r BBC, anghytunodd David Cameron gan ddweud, "Dwi'n meddwl ei bod hi'n iawn i ni gadw at ein barn, hyd yn oed os yw'r ddelwedd o'r Proffwyd yn digio rhai pobl – ac fe fydd yn digio llawer o Fwslimiaid. Ond nid yw cael eich digio yn cyfiawnhau trais, ac mae'r rhan fwyaf o Fwslimiaid yn deall ac yn derbyn y farn hon. Dwi'n Gristion. Yn amlwg, dydw i ddim yn hoffi gweld y pethau crefyddol sy'n agos at fy nghalon yn cael eu gwawdio mewn ffordd annifyr. Ond mewn gwlad rydd, os yw pobl am ymosod ar fy nghrefydd a'm cred, rhaid derbyn hynny oherwydd bod hynny'n rhan o fyw mewn gwlad rydd."

Cafodd Raif Badawi ei arestio ar 17 Mehefin 2012 gan yr awdurdodau yn Saudi Arabia ar gyhuddiad o sarhau Islam. Roedd y cyhuddiadau yn erbyn Raif yn gysylltiedig ag erthyglau a ysgrifennodd yn beirniadu'r awdurdodau crefyddol yn Saudi Arabia, yn ogystal â darnau a ysgrifennwyd gan bobl eraill ac a gafodd eu cyhoeddi ar ei wefan 'Rhyddfrydwyr Saudi Arabia'. Dedfrydwyd Badawi i gael ei chwipio 1000 gwaith ac i 10 mlynedd yn y carchar. Cychwynnodd Amnest Rhyngwladol ddeiseb ar-lein yn gofyn am ei ryddhau gan ddweud bod "y cyhuddiadau yn ei erbyn, yn seiliedig yn unig ar ymwneud Badawi â sefydlu gwefan er mwyn cael trafodaeth heddychlon am grefydd a ffigurau crefyddol, yn mynd yn groes i'w hawl i ryddid mynegiant".

Raif Badawi

GWEITHGAREDD 40

Trafodwch effaith y Qur'an, yn eich barn chi, ar fywydau pobl yn y mannau isod:
   a)   gwlad sydd wedi mabwysiadu cyfraith Sharia – e.e. Saudi Arabia
   b)   gwlad sydd â system gyfraith seciwlar - e.e. Ffrainc
   c)   Ydy hi'n bosibl byw yn ôl cyfreithiau nad ydych chi'n cytuno â nhw? Eglurwch pam.

GWEITHGAREDD 41

Dadl dawel nodiadau *post-it*
   a)   Rhowch y gosodiad **'Mae rhyddid meddwl, cydwybod a chrefydd yn bwysicach na rhyddid mynegiant!'** ar 6-10 taflen A3 a'u gosod o gwmpas y dosbarth.
   b)   Ysgrifennwch un ddadl naill ai o blaid neu yn erbyn y gosodiad.
      i.   Dadleuon yn erbyn wedi eu hysgreifennu ar nodyn *post-it* coch.
      ii.   Dadleuon o blaid wedi eu hysgrifennu ar nodyn *post-it* gwyrdd.
      iii. Glynwch nhw ar y taflenni A3.

iv. Os nad oes gennych nodiadau *post-it*, ysgrifennwch y dadleuon yn syth ar y daflen A3, yn defnyddio dau liw gwahanol.

c) Darllenwch y sylwadau o gwmpas yr ystafell, yn dawel.

ch) Os ydych eisiau anghytuno â dadl rhywun a'i herio, ysgrifennwch eich her ar nodyn *post-it* o'r lliw gwahanol.

d) Darllenwch yr heriau.

dd) Os ydych eisiau gwneud sylw ac ateb her, hyd yn oed os nad yw ar eich sylw gwreiddiol, ysgrifennwch eich gwrth-ddadl ar nodyn *post-it* yn defnyddio lliw y ddadl wreiddiol.

Rhyddid i dystiolaethu

Yn *Credu a Bod*, y llyfr cyntaf yn y gyfres hon, fe fuon ni'n ymchwilio i ddechreuadau chwe phrif grefydd y byd. Fe welson ni fod y rhan fwyaf ohonyn nhw wedi cychwyn o ganlyniad i un unigolyn. Iesu fu'n gyfrifol am ddechrau Cristnogaeth dros 2000 o flynyddoedd yn ôl, ac erbyn hyn mae un rhan o dair o bobl y byd yn ystyried bod ei ddysgeidiaeth yn bwysig. Sut gwnaeth nifer cymharol fach o bobl effeithio ar y byd i gyd? Yn uned olaf *Credu a Bod* fe wnaethon ni ystyried gwahanol fathau o wybodaeth. Gall peth gwybodaeth fod yn bersonol a chael ei chadw o fewn teulu; gall gwybodaeth arall fod yn berthnasol i bawb. Mae dilynwyr crefydd yn aml yn awyddus i ledaenu 'neges' y grefydd i bobl eraill. Efallai bod rhai dilynwyr yn ystyried bod y neges mor bwysig nes bod rhaid iddyn nhw ei throsglwyddo. Byddai peidio â'i throsglwyddo yn rhoi pobl eraill mewn perygl o gael eu cosbi gan Dduw. Efallai bod rhai dilynwyr wedyn yn meddwl bod y neges yn mynd i wella bywydau pobl eraill ac felly bod dweud wrthyn nhw'n beth cariadus i'w wneud. Mae'r gred Gristnogol fod Iesu wedi marw ac wedi atgyfodi er mwyn maddau pechodau pobl yn aml yn cael ei galw yn 'efengyl' neu 'newyddion da'.

Stori'r seren fôr …

Un tro, roedd yna hen ddyn a oedd yn arfer mynd at y môr i ysgrifennu. Roedd yn arferiad ganddo gerdded ar y traeth bob bore cyn dechrau gweithio. Yn gynnar un bore, roedd yn cerdded ar lan y môr wedi i storm fawr fynd heibio, a gwelodd fod y traeth eang wedi'i orchuddio â sêr môr cyn belled ag y gallai weld, i'r ddau gyfeiriad.

Yn y pellter, gwelodd yr hen ŵr fachgen yn dod tuag ato. Wrth i'r bachgen gerdded, roedd yn stopio bob hyn a hyn, ac wrth iddo agosáu, gwelodd yr hen ŵr ei fod yn plygu i lawr o bryd i'w gilydd i godi rhywbeth a'i daflu i'r môr. Daeth y bachgen yn agosach eto a dywedodd yr hen ŵr wrtho, "Bore da! Ga i ofyn beth wyt ti'n ei wneud?"

Oedodd y bachgen, edrych i fyny ac ateb, "Dwi'n taflu sêr môr i'r môr. Mae'r llanw wedi'u golchi nhw ar y traeth a dydyn nhw ddim yn gallu dychwelyd i'r môr ar eu pen eu hunain. Byddan nhw'n marw pan fydd yr haul yn codi os na wna i eu taflu nhw'n ôl i'r dŵr."

Atebodd yr hen ŵr, "Ond mae yna gannoedd ar filoedd o sêr môr ar y traeth yma. Fyddi di ddim yn gallu gwneud llawer o wahaniaeth, mae arna i ofn."

Plygodd y bachgen i lawr, codi seren fôr arall eto a'i thaflu cyn belled ag y gallai i mewn i'r môr. Yna trodd, gwenu a dweud, "Gwnaeth wahaniaeth i'r un yna!"

Cafodd stori'r seren fôr, a ysgrifennwyd gan Loren Eiseley, ei chynnwys mewn llyfr o'r enw *The Star Thrower* i ddangos pwysigrwydd gweithredoedd bach i fywydau unigolion ar y blaned hon. Cafodd ei hysgrifennu er mwyn cefnogi gweithredoedd sy'n helpu'r amgylchedd. Byddwn yn trafod thema'r amgylchedd yn yr uned nesaf. Mae llawer o ysgrifenwyr a chyflwynwyr wedi ei defnyddio i bwysleisio pwysigrwydd helpu unigolion, hyd yn oed pan mae'n ymddangos nad oes gobaith. Bydd pob seren fôr unigol yn elwa o gael ei hachub. Mae llawer o grefyddau yn dysgu bod yna gredoau, gweithredoedd a defodau fydd yn helpu unigolyn i fyw y bywyd y bwriadodd y duwdod iddyn nhw fyw, neu i gael gwobr neu fynediad at fywyd arall ar ôl i'r bywyd hwn ddod i ben.

GWEITHGAREDD 42

Pa gyngor fuasech chi'n ei roi i eraill er mwyn gwella eu bywydau...

- a) am heddiw?
- b) am weddill y flwyddyn hon?
- c) am weddill eu bywydau?
- ch) am fywyd y tu hwnt i'r bywyd hwn?

GWEITHGAREDD 43

- a) Mewn parau, rhannwch eich darnau o gyngor o weithgaredd 42. Trafodwch pa gyngor fyddai'n cael yr effaith fwyaf ar fywyd rhywun arall.

- b) Mewn grwpiau o bedwar, dewiswch eich darn gorau o gyngor. Her: Ceisiwch fod y grŵp i gael y nifer fwyaf o bleidleisiau.

- c) Fel dosbarth, pleidleisiwch ar y darnau gorau o gyngor.

GWEITHGAREDD 44

- a) Rhowch y wybodaeth yn y lle cywir yn y tabl.

- b) Trafodwch pa grefyddau fyddai fwyaf tebygol o bregethu eu credoau i eraill. Rhowch resymau dros eich ateb.

- c) Mae Erthyglau 9 a 10 yn pwysleisio hawl unigolyn i rannu ei gred ag eraill. Pa ran o'r CHDE sydd yn cefnogi hyn? Eglurwch eich ateb.

- ch) 'A ddylai pobl grefyddol allu rhannu eu credoau gydag eraill?' Edrychwch ar y dadleuon o blaid ac yn erbyn rhannu ffydd. Penderfynwch pa rai sy'n annog pobl i rannu eu cred a pha rai sy'n rhoi rhesymau dros beidio â rhannu cred. Dewiswch bedair dadl o blaid a phedair dadl yn erbyn, a'u gosod mewn trefn, gyda'r rhai rydych chi'n cytuno â nhw fwyaf ar y brig, a'r rhai rydych chi'n anghytuno â nhw fwyaf ar y gwaelod.

Mae dysgeidiaeth y Bwda, gan gynnwys y pedwar gwirionedd mawr a'r llwybr wyth ffordd, yn y pen draw yn arwain at ddiwedd dioddefaint.

Gwahoddwch i ffordd eich Arglwydd gyda doethineb a chyfarwyddyd da, a dadleuwch gyda hwy mewn modd sydd orau.
(Qur'an 16:125)

A phwy bynnag sy'n ymddiried yn Allaah, bydd Ef yn ei ddigoni.
(Qur'an. 65:3)
Y mae'r sawl sydd wedi ufuddhau i'r Negesydd yn wir wedi ufuddhau i Allah.
(Qur'an 4:80)

Nid oes neb yn ein hachub ond ni ein hunain. Ni all ac ni chaiff neb. Rhaid i ni ein hunain droedio'r llwybr.
(Y Bwda)

Dysgodd y Bwda fod dioddefaint yn anorfod; oni bai bod rhywbeth yn cael ei wneud yn ei gylch, bydd dioddefaint yn parhau.

[19] Felly ewch i wneud pobl o bob gwlad yn ddisgyblion i mi, a'u bedyddio nhw fel arwydd eu bod nhw wedi dod i berthynas â'r Tad, a'r Mab a'r Ysbryd Glân. [20] A dysgwch nhw i wneud popeth dw i wedi ei ddweud wrthoch chi.
(Mathew 28:19-20)

Mae'r Vedas yn helpu rhywun i ganfod ei ddyletswydd (*Dharma*) mewn bywyd. Bydd cyflawni'r ddyletswydd honno yn golygu y bydd enaid yn fwy tebygol o brofi ailymgnawdoliad, gyda'r nod yn y pen draw o adael y cylch yn gyfan gwbl. Unwaith i'r enaid gael ei ryddhau o'r cylch, bydd yn un â Brahman.

Y sawl sy'n gwrthod y Ffydd, ac yn marw'n gwrthod – mae melltith Allah, a melltith yr angylion, a holl ddynoliaeth, arnyn nhw. Yno y byddan nhw'n aros: ni fydd eu cosb yn cael ei lleihau ac ni fyddan nhw'n cael gorffwys.
(Qur'an 2:161-162)

Mae'r Vedas yn helpu rhywun i ganfod ei ddyletswydd (*Dharma*) mewn bywyd. Trwy beidio â chyflawni'r ddyletswydd honno bydd unigolyn yn llai tebygol o brofi ailymgnawdoliad, sef gadael cylch geni, marw ac aileni.

Rhufeiniaid 6:23a
Y mae pechod yn talu cyflog, sef marwolaeth;

Rhufeiniaid 6:23b
Ond rhoi yn rhad y mae Duw, rhoi bywyd tragwyddol yng Nghrist Iesu ein Harglwydd.

Crefydd	Cyfarwyddyd i rannu	Cosb neu ddioddefaint	Newyddion da neu wobr
Cristnogaeth			
Islam			
Bwdhaeth			
Sikhiaeth	Guru Granth Sahib . . . efallai nad Hindŵiaeth yw fy ffydd, ac efallai nad ydw i'n credu yng ngoruchafiaeth y Veda na'r Brahminiaid, nac mewn eilunaddoliaeth, na chast, na phererindodau a defodau eraill, ond byddwn yn barod i ymladd dros hawl pob Hindŵ i fyw gydag anrhydedd ac i arfer ei ffydd yn ôl ei ddefodau ei hun . . . I mi, un grefydd sydd - crefydd Duw - a phwy bynnag sy'n perthyn iddi, Hindŵ neu Fwslim, dwi'n eiddo iddo ef ac yntau yn eiddo i finnau. Nid wyf yn ceisio newid neb trwy rym, nac yn ildio i rym, i newid fy ffydd . . .		
Hindŵiaeth	Dim cyfarwyddyd penodol i rannu dysgeidiaeth grefyddol.		
Iddewiaeth	Mae Iddewon yn credu ei bod hi'n bwysig byw bywyd sy'n foesol dda. Mae llawer ohonyn nhw'n credu y bydd y ffordd rydych chi'n byw eich bywyd yn cael effaith ar y wobr neu'r gosb a gewch chi yn y byd arall. Does dim dysgeidiaeth glir ynghylch nefoedd ac uffern. Mater i Dduw yw'r hyn fydd yn digwydd yn y bywyd nesaf; yr hyn sy'n bwysig yw'r ffordd rydych chi'n byw eich bywyd nawr.		

O BLAID AC YN ERBYN RHANNU CREFYDD

CODI OFN

Mae pobl sy'n pregethu eu cred yn codi ofn arna i; buasai'n dda gen i petaen nhw'n gadael llonydd i fi.

DYDY GWRANDO DDIM YR UN PETH Â CHREDU

Dydy'r ffaith fod rhywun yn rhannu ei gredoau ag eraill ddim yn golygu y bydd eraill yn credu beth mae'n ei ddweud. Rydyn ni i gyd yn bobl sy'n gallu rhesymu a phenderfynu droson ni'n hunain.

MAE ANGEN I NI SIARAD

Trwy siarad â'n gilydd fe ddown i ddeall ein gilydd yn well, ac i ofni ein gilydd lai. Mae hynny'n sicr yn beth da!

TARGEDU GRWPIAU BREGUS

Dwi'n meddwl ei bod hi'n beryglus i bobl bregethu eu cred i'r rheiny sy'n methu â deall y darlun llawn, e.e. plant a phobl ifanc y mae'n hawdd dylanwadu arnyn nhw.

RHYDDID BARN

Rydyn ni'n byw mewn gwlad lle mae rhyddid barn yn cael ei barchu, ac fe ddylen ni allu rhannu ein cred, ar yr amod ein bod yn barod i wrando ar gredoau pobl eraill. (Cofiwch nad yw gwrando yr un fath â chredu.)

MAE'R DIWEDD AR DDOD

Dwi wir yn credu y bydd fy nghred a'm gweithredoedd yn sicrhau y bydda i'n mynd i'r nefoedd, a bod peidio â chredu a gweithredu yn golygu mynd i uffern. Mae angen i fi roi'r cyfle hwn i bobl eraill.

EI GADW YN Y TEULU

Cafodd credoau diwylliannol eu creu o fewn diwylliant, ac fe ddylen nhw aros o fewn diwylliant.

MAE GAN BAWB YR HAWL I'W CREDOAU EU HUNAIN

Rhaid i fi benderfynu dros fy hun, heb i bobl eraill ddylanwadu arna i.

Y NATUR DDYNOL

Mae fy nghredoau yn rhan ohona i. Mae fy rwystro rhag eu rhannu yn fy rhwystro rhag bod yn ddynol.

MAE FY NGHREFYDD YN DWEUD WRTHA I AM EI WNEUD

Mae fy nghred grefyddol yn bendant wedi gwella fy mywyd, a'r cyfan dwi ei eisiau yw helpu eraill i wella eu bywydau nhw.

DYMA YW FY NIWYLLIANT

Mae fy niwylliant wedi datblygu ei gredoau ei hun, ac mae'n bwysig i fi aros yn driw i fy niwylliant.

MAE FY NGHREDOAU YN GWNEUD BYWYD YN WELL

Mae fy nghred grefyddol yn bendant wedi gwella fy mywyd, a'r cyfan dwi ei eisiau yw helpu eraill i wella eu bywydau nhw.

GALLA I FYND AR GOOGLE

Pam mae angen i bobl eraill ddweud wrtha i am eu cred, a minnau'n medru dod o hyd i bob gwybodaeth ar y rhyngrwyd?

MAE'N ACHOSI DADLAU

Mae gwahaniaethau mewn cred yn achosi problemau am nad ydyn ni wedi ein rhaglennu i wrando ar eraill.

MAE CREDOAU FEL BWYDYDD

Mae cael amrywiaeth o gredoau yr un peth â chael amrywiaeth o fwydydd - mae'n gwneud ein cymdeithas ni'n fwy lliwgar.

MAE'N GWANHAU'R GWIRIONEDD

Sut gall credoau pawb fod yn wir? Trwy eu trafod i gyd, rydyn ni'n mynd yn bellach o'r gwir.

Yn yr uned hon buon ni'n ystyried y cwestiwn 'Beth yw ystyr rhyddid crefyddol?' Fe wnaethon ni ddechrau ymchwilio i'r cwestiwn drwy edrych ar achos Sinan Isik, dyn gafodd ei labelu'n 'Fwslim' er nad oedd am gael ei gysylltu â'r grefydd honno. Dyfarnodd LlHDE fod dewis crefydd neu beidio â dewis crefydd yn fater i'r unigolyn, ac na allai'r wladwriaeth orfodi hyn arno.

Fe edrychon ni wedyn ar yr anghytuno sydd o fewn ein cymdeithas ni ein hunain. Mae llawer o bobl grefyddol a phobl ddigrefydd yn anghytuno â rhai o'r cyfreithiau o fewn eu cymdeithas, ond maen nhw'n gorfod ufuddhau iddyn nhw. Bydd y cyfreithiau weithiau'n mynd yn groes i'w cred grefyddol; bryd arall, bydd y cyfreithiau yn caniatáu i eraill ymddwyn mewn fffordd sy'n annerbyniol yn ôl y gred grefyddol honno.

Wedyn fe fuon ni'n ymchwilio i'r gwrthdaro rhwng rhyddid crefydd a rhyddid barn, ac effaith hyn ar wledydd sydd â safbwyntiau gwahanol iawn. Yn olaf, fe wnaethon ni ystyried pam mae unigolyn eisiau rhannu ei gredoau, a dod i'r casgliad bod Erthyglau 9 a 10 CHDE yn cefnogi rhyddid yr unigolyn i rannu ei gredoau.

'Pregethu ac Arfer' yw teitl y llyfr hwn. Os nad yw cred yn effeithio ar eich gweithredoedd, ydy hi'n gred o gwbl? Trwy gydol y gyfres hon, buon ni'n archwilio'r ffordd mae ein credoau yn effeithio ar ein gweithredoedd. Mae'r llyfr hwn yn mynd â hyn gam ymhellach – os ydyn ni'n credu mewn gwirionedd, fe ddylen ni ddisgwyl i eraill ei gredu hefyd. Mae ar gymunedau angen dinasyddion sy'n driw i'w credoau eu hunain, ond sydd ar yr un pryd yn parchu credoau pobl eraill.

Gwybodaeth i gefnogi

GWEITHGAREDD 34a

Blwyddyn	O bob menyw a oedd yn feichiog, pa % gafodd erthyliad?
1968	2.7%
1969	5.9%
1970	8.8%
1971	10.8%
2010	20.1%
2011	20.8%
2012	20.4%
2013	21.2%

GWEITHGAREDD 34b   i) 5469   ii) 2.9%

GWEITHGAREDD 34c   Yn 1971 cafodd 32207 o fenywod nad oedden nhw'n byw yng Nghymru na Lloegr erthyliad - 25.4% o'r holl erthyliadau yn y flwyddyn honno.

GWEITHGAREDD 34ch   Ar gyfartaledd, mae 523 erthyliad yn digwydd yng Nghymru a Lloegr bob dydd.

GWEITHGAREDD 34d   1/5 (un rhan o bump)

Pwy sy'n
gyfrifol
am y
llanast hwn?

PWY SY'N GYFRIFOL AM Y LLANAST HWN?

Ymdrin â chwestiynau sylfaenol:

Ydy'r byd yn bwysig i bawb?

Ai fy ffordd i o edrych ar y byd yw'r ffordd iawn?

Ai concwerwyr neu warchodwyr y byd ydy bodau dynol?

Archwilio Credoau,	Dysgeidiaeth	ac Arferion
• Mae'r byd yn bartner i ni; • Mae'r byd yn fyw; • Mae'r byd yn bresennol; • Cafodd bodau dynol eu creu i ofalu am greadigaeth Duw.	• Llywodraethu; • Gwahanol ddysgeidiaeth grefyddol am berthynas bodau dynol â'r ddaear.	• Effaith dysgeidiaeth grefyddol ar y ffordd y mae pobl yn trin y ddaear.

Mynegi:

Gan ddefnyddio'ch barn eich hun, yn ogystal â'r hyn rydych chi wedi'i ganfod ...

Ydy'r byd yn bwysig i bawb?

Ai fy ffordd i o edrych ar y byd yw'r ffordd iawn?

Ai concwerwyr neu warchodwyr y byd ydy bodau dynol?

Drwy gydol yr uned hon, bydd angen i chi gasglu tystiolaeth er mwyn gallu ateb dau gwestiwn:

Pa dystiolaeth sydd bod gan fodau dynol y gallu i ddinistrio'r ddaear?	Pa dystiolaeth sydd bod gan fodau dynol y gallu i warchod y ddaear?

O Bellter (addasiad o 'From a Distance')

O bellter, glas a gwyrdd yw'r byd,
a'r mynyddoedd dan eira yn wyn.
O bellter daw nant a môr ynghyd,
A'r eryr i'r awyr sy'n esgyn.

O bellter, cytgord sy'n teyrnasu,
ac yn atsain drwy y tir.
Llais gobaith, llais tangnefedd sy'n llefaru,
a llais pob dyn sy'n seinio'n glir.

O bellter mae pob cnwd yn dda,
a neb yn byw mewn angen.
Dim gynau, bomiau, cur na phla,
a neb yn byw mewn newyn.

O bellter mae gan bawb ei ran
i seinio yn un côr
ganeuon gobaith, alawon hedd,
caneuon y cyfanfyd.
Duw sy'n ein gwylio. Duw sy'n ein gwylio.
Duw sydd o bellter yn ein gwylio.

O bellter, gwelaf wyneb cyfaill,
er bod gynau yn ein dwylo.
O bellter dywed wrthyf
pa angen sydd am ladd a brwydro?

Ysgrifennwyd y gân 'From a Distance'
gan Julie Gold yn 1985

Edrychwch ar y llun o'r ddaear o'r gofod a darllenwch geiriau'r gân 'O Bellter'.

a) Beth mae'r gân yn ceisio'i ddweud?

b) A yw'r ddaear yn edrych yn heddychlon o'r gofod? Eglurwch pam.

c) A yw'r ddaear yn heddychlon ar yr wyneb? Rhowch ddau neu dri o resymau.

Sut mae bodau dynol yn effeithio ar y blaned?

Does dim un creadur arall ar y ddaear sy'n gallu effeithio ar y tirwedd fel y mae bodau dynol yn ei wneud. Yn llyfr 3 fe wnaethon ni awgrymu bod bodau dynol, o'u cymharu â llawer o anifeiliaid, yn gallu ymddangos yn eithaf bach, gwan, araf a hawdd eu torri. Ond mae gan fodau dynol ddeallusrwydd, sy'n golygu ein bod yn gallu adeiladu a chreu peiriannau i'n helpu. Felly, ni yw'r rhywogaeth lywodraethol (*dominant*) ar y ddaear. Pe byddech chi'n edrych ar y ddaear o'r gofod, fe fyddech chi nid yn unig yn gweld lloerennau wedi'u gwneud gan fodau dynol yn troi o gwmpas y ddaear, ond ar wyneb y ddaear byddech hefyd yn gallu gweld Mur Mawr China, Mwynglawdd Copr Kennecott yn Utah yn ogystal â strwythurau eraill sydd wedi eu creu gan fodau dynol. Does dim un creadur arall wedi cael yr un effaith â ni. Rydyn ni wedi defnyddio ein deallusrwydd i greu ceir, lorïau, cychod, awyrennau, trydan, cyfrifiaduron, cemegolion a llawer o bethau eraill sydd wedi gwneud ein bywydau'n haws. Weithiau, mae canlyniadau ac effeithiau y pethau hyn wedi bod yn niweidiol i'r amgylchedd; er enghraifft, yn y 1920au, cafodd plwm ei ychwanegu i betrol er mwyn i geir redeg yn fwy effeithlon, ond roedd hyn yn golygu bod ceir yn rhyddhau nwyon peryglus i'r atmosffer. Weithiau, mae ein creadigrwydd wedi cael effaith negyddol ar ein hiechyd – rydyn ni'n gwybod bod sigaréts yn achosi canser. Rydyn ni hefyd wedi defnyddio'n grym rhywogaeth lywodraethol fel y ddaear i niweidio'r amgylchedd er mwyn gwneud elw a chreu adloniant. Mae dinistrio coedwigoedd ar raddfa fawr iawn a hela anifeiliaid mawr fel eliffantod am ifori i gyd wedi cael effaith negyddol ar ein planed.

Mur Mawr China

Mwynglawdd Copr Kennecott yn Utah

a) Edrychwch ar bob un o'r delweddau isod a llenwch y tabl. I bob delwedd, disgrifiwch yr effaith mae'n ei chael ar y blaned neu'r amgylchedd a'r effaith y mae'n ei chael ar fodau dynol eraill.

b) Yn eich barn chi, pa broblemau sy'n achosi'r niwed mwyaf i'r amgylchedd? Gosodwch nhw yn eu trefn neu ar ffurf diemwnt, gyda'r mwyaf niweidiol ar y pen uchaf.

Problemau	effaith ar yr amgylchedd	effaith ar fodau dynol eraill
1.		
2.		
3.		
4.		
5.		
6.		
7.		
8.		
9.		

Pa mor bwysig ydy'r byd i chi?

Mae rhai pethau mor gyffredin nes ein bod, dros amser, yn eu cymryd yn ganiataol. Mae'n debyg eich bod yn mynd heibio i dŷ eich cymydog bron bob dydd – ond ydych chi'n gwybod pa batrwm sydd ar y llenni, neu pa liw yw'r drws ffrynt? Yn aml iawn, dydy pethau rydyn ni'n eu cymryd yn ganiataol ddim yn cael eu trin â'r parch roedden nhw'n arfer eu cael. Crwydrwch o amgylch siop ail-law neu sêl cist car, ac fe welwch chi hen dechnoleg a oedd yn arfer bod mewn lle amlwg mewn ystafell plentyn efallai, yn cael ei werthu am bris is o lawer na'r pris gwreiddiol, ac yn edrych yn frwnt ac yn ddi-raen. Pan oedd y dechnoleg yn newydd, byddai'n cael ei glanhau a'i sgleinio ac roedd pobl yn ofalus ohoni, ond gydag amser daw technoleg newydd yn ei lle, ac mae'r amser a'r ymdrech roedd pobl yn ei wneud i gadw'r sglein newydd hwnnw nawr yn cael eu troi at rywbeth arall. Rydyn ni'n cymryd llawer o'r bwyd sydd ar gael ym Mhrydain yn ganiataol. Mae ffrwythau a llysiau erbyn hyn yn cael eu cludo o un pen o'r byd i'r llall ac fe allwn ni nawr gael gwahanol fathau o fwydydd sydd ddim yn tyfu yn ein hinsawdd ni. Allwch chi ddychmygu bwyta oren am y tro cyntaf? Sut byddech chi'n disgrifio'r profiad?

GWEITHGAREDD 48

Treuliwch dair munud yn ysgrifennu'r disgrifiad gorau, mwyaf deniadol o oren.

Isod, mae addasiad o ddetholiad o *An Evil Cradling* gan Brian Keenan, a dreuliodd bedair blynedd a hanner yn cael ei gadw'n wystl. Cafodd ei herwgipio tra oedd yn gweithio yn adran Saesneg Prifysgol Beirut, Libanus. Dim ond bara a dŵr roedd e'n eu cael, ac roedd yn treulio'r rhan fwyaf o bob diwrnod yn ei gell. Un diwrnod, dywedodd rhywun wrtho fod ganddyn nhw syrpreis iddo.

> " Mae fy llygaid bron â llosgi gan yr hyn rwy'n ei weld. Mae'r ffrwythau, y lliwiau, yn fy swyno mewn gorfoledd tawel sy'n chwyrlïo drwy fy mhen ... Dwi'n codi oren i gledr gwastad, brwnt fy llaw ac yn ei deimlo a'i arogleuo a'i lyfu. Y lliw oren, y lliw, Dduw mawr, y lliw oren. O fy mlaen mae gwledd o liw. Dwi'n teimlo fy hun yn dechrau dawnsio, yn ara deg, dwi'n meddwi ar liw ... Y fath ryfeddod, y fath ryfeddod pur mewn ffrwyth mor ddi-nod. Alla i ddim, wna i ddim, bwyta'r ffrwyth hwn. Dwi'n eistedd mewn llawenydd tawel, mor llwyr y tu hwnt i ystyr llawenydd. Mae fy enaid yn gyflawn yn y bowlen hon o liw ... Dwi eisiau moesymgrymu o'i blaen, ac rwy'n caru'r tanllwyth hwn o liw oren ... Yno yn y bowlen fechan hon, y byd wedi ei greu o'r newydd yn y bowlen fechan hon ... Dwi'n hoelio fy holl sylw ar y bowlen hon o ffrwythau ... Alla i ddim dal gorfoledd yr ennyd a'i angerdd tanbaid ... Dwi'n teimlo'n llawn cariad. "

GWEITHGAREDD 49

Pam ydych chi'n meddwl bod Brian Keenan wedi disgrifio'r ffrwyth fel hyn?

Roedd Brian yn amlwg wedi gweld oren cyn cael ei gymryd yn wystl, oherwydd roedd yn gwybod beth oedd ei enw. Mae'n annhebygol mai dyma sut byddai'n ymateb fel arfer i bowlen o ffrwythau. Beth fyddech chi'n ei feddwl pe bai ffrind yn dod draw i'ch tŷ chi ac yn codi oren o'r bowlen ffrwythau, ac yn teimlo'n emosiynol iawn ac yna'n gwneud yr un peth y tro nesaf a'r tro nesaf wedyn? Oherwydd ein bod ni'n gwybod beth yw'r darlun ehangach, rydyn ni'n gallu deall ymateb Brian yn well.

GWEITHGAREDD 50

Ysgrifennwch leoedd neu eitemau ar dir eich ysgol neu'r tir cyfagos y gallech chi eu disgrifio drwy ddefnyddio'r geiriau canlynol, fel Brian Keenan. Ceisiwch feddwl am bethau mor annelwig ag y gallwch.

Gallai **prydferth** ddisgrifio	Gallai **trist** ddisgrifio
_____	_____
oherwydd:	oherwydd:
_____	_____
_____	_____
Gallai **rhyfeddol** ddisgrifio	Gallai **heddychlon** ddisgrifio
_____	_____
oherwydd:	oherwydd:
_____	_____
_____	_____
Gallai **perffaith** ddisgrifio	Gallai **wedi'i ddifetha** ddisgrifio
_____	_____
oherwydd:	oherwydd:
_____	_____
_____	_____

Yn *Credu a Bod*, y llyfr cyntaf yn y gyfres hon, fe ddechreuon ni drwy edrych ar pa mor bwysig yw credoau i'r hyn rydyn ni'n ei wneud. Roedd y llyfr yn trafod y ffordd y mae diwylliant yn gallu dylanwadu'n gryf ar yr hyn y mae rhywun yn ei wneud neu'r ffordd y mae'n gweld y byd. I lawer o bobl, mae'r ffordd maen nhw'n 'gweld' pethau fel powlen o ffrwythau neu hyd yn oed sut y dylen ni drin yr amgylchedd yn seiliedig ar gredoau eu diwylliant. I lawer o bobl, dim ond drwy eu golwg nhw ar y byd y maen nhw'n gallu deall y byd. Yn rhan nesaf yr uned hon, byddwn yn trafod gwahanol ffyrdd o edrych ar y byd o safbwynt perthynas bodau dynol â'r ddaear.

Beth petai'r byd ...

FEL ANRHEG?

"Os caf fi anrheg ac yna ei thorri, dim ond fi sydd ar fy ngholled."

FEL EIN CARTREF?

"Rwy'n byw ar y cwch hwn ar gamlas ac mae'n rhaid gofalu amdano, neu bydd yn suddo a byddaf yn colli fy nghartref."

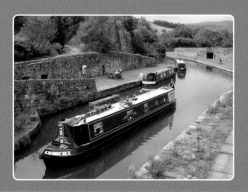

FEL ANIFEILIAID RYDYN NI'N DIBYNNU ARNYN NHW?

"Rydyn ni'n dibynnu ar gamelod i'n cludo o gwmpas yr anialwch; os na fyddwn yn gofalu amdanyn nhw, fe fydd pawb yn dioddef."

YN FYW?

"Mae'r ddaear yn dangos effeithiau ei hemosiynau yn glir."

GWEITHGAREDD 51

a) Mewn parau neu mewn grwpiau bach, dewiswch un o'r pedwar gosodiad uchod (neu efallai y bydd un yn cael ei ddewis drosoch), a cheisiwch ateb y cwestiwn, 'Beth petai'r byd …?' A yw'r olwg yma ar y byd yn awgrymu y bydd rhywun yn trin y byd yn gadarnhaol, yn negyddol neu'r ddau? Eglurwch pam.

b) Rhowch adborth i'r dosbarth cyfan am yr hyn y mae eich grŵp wedi bod yn ei drafod.

Ydy'r ddaear yn fyw? Mae'n gwestiwn diddorol. Drwy gydol hanes, mae pobl wedi gweld y ddaear fel bod deallus sy'n gallu teimlo. Mae'r ymadrodd 'y fam ddaear' yn adlewyrchu hen gred fod gan y ddaear 'ymwybod'. Ai'r ymwybyddiaeth yma sydd wedi helpu'r ddaear i drwsio'r teneuo a oedd yn digwydd i'r haen oson oherwydd nwyon CFC yn yr 1970au a'r 80au? Cyhoeddodd James Lovelock ei 'ddamcaniaeth Gaia', a enwyd ar ôl 'Gaia', duwies Roegaidd y ddaear. Roedd yn awgrymu bod y ddaear yn gweithredu fel organeb fyw, ac yn gwneud yn siŵr bod yr amodau ar y ddaear yn ddelfrydol i gynnal bywyd. Ym mis Hydref 2013, cyhoeddodd y *New Scientist* eu bod yn sicr, ar ôl treulio 40 mlynedd yn ymchwilio i hyn, nad system sy'n rheoli ei hun yw'r ddaear, gan awgrymu y dylai bodau dynol geisio lleihau ein heffaith negyddol ar yr amgylchedd.

GWEITHGAREDD 52

a) Petai'r ddaear yn fyw, beth ydych chi'n meddwl fyddai ei barn am fodolaeth dyn o gymharu â'i holl drigolion eraill?

b) Trafodwch y cwestiwn: Pam mae rhai pobl wedi galw bodau dynol yn "haint dros dro ar y ddaear"?

Rheolwyr neu goncwerwyr?

Mewn Cristnogaeth, mae gwahanol gredoau sy'n gallu effeithio ar y ffordd y mae unigolyn yn ymddwyn tuag at y ddaear a'r creaduriaid eraill sy'n byw arni. Mae'r gwahaniaethau hyn yn ymwneud â'r ffordd y mae un adnod yn hanes creu'r byd yn cael ei ddehongli. Mae'r Beibl yn disgrifio Duw yn creu goleuni a thywyllwch ar y diwrnod cyntaf. Môr ac awyr ar yr ail ddiwrnod. Tir a llystyfiant ar y trydydd diwrnod. Yr haul, y lleuad a'r sêr ar y pedwerydd diwrnod. Pysgod ac adar ar y pumed diwrnod. Yn olaf, ar y chweched diwrnod, creodd Duw 'bopeth sy'n ymlusgo ar y ddaear'. Hefyd ar y chweched diwrnod ...

Genesis 1:26–28. (*Y Beibl Cymraeg Newydd*) [26]Dywedodd Duw, "Gwnawn ddyn ar ein delw, yn ôl ein llun ni, i lywodraethu ar bysgod y môr, ar adar yr awyr, ar yr anifeiliaid gwyllt, ar yr holl ddaear, ac ar bopeth sy'n ymlusgo ar y ddaear." [27]Felly creodd Duw ddyn ar ei ddelw ei hun; ar ddelw Duw y creodd ef; yn wryw ac yn fenyw y creodd hwy. [28]Bendithiodd Duw hwy a dweud, "Byddwch ffrwythlon ac amlhewch, llanwch y ddaear, a **darostyngwch** hi; **llywodraethwch** ar bysgod y môr, ar adar yr awyr, ac ar bopeth byw sy'n ymlusgo ar y ddaear."

Gall y ffordd rydych chi'n dehongli'r geiriau 'darostyngwch' a 'llywodraethwch' effeithio ar y ffordd rydych chi'n trin y byd. Dyma gyfieithiad arall o'r un adnodau:

Genesis 1:26–28. (beibl.net) [26]Yna dwedodd Duw, "Gadewch i ni wneud pobl yn ddelw ohonon ni'n hunain, i fod yn debyg i ni; i fod yn feistri sy'n gofalu am bopeth – y pysgod yn y môr, yr adar yn yr awyr, yr anifeiliaid, y ddaear gyfan a'r holl greaduriaid a phryfed sy'n byw arni." [27]Felly dyma Duw yn creu pobl ar ei ddelw ei hun. Yn ddelw ohono'i hun y creodd nhw. Creodd nhw yn wryw ac yn fenyw. [28]A dyma Duw yn eu bendithio nhw, a dweud wrthyn nhw, "Dw i eisiau i chi gael plant, fel bod mwy a mwy ohonoch chi. Llanwch y ddaear a **defnyddiwch ei photensial** hi; a bod yn **feistr sy'n gofalu** am y pysgod sydd yn y môr, yr adar sy'n hedfan yn yr awyr, a'r holl greaduriaid sy'n byw ar y ddaear."

GWEITHGAREDD 53

a) Chwiliwch am ystyr 'darostwng' a 'llywodraethu', a'i ysgrifennu.

b) Chwiliwch am ystyr 'defnyddio ei photensial' a bod yn 'feistr sy'n gofalu', a'i ysgrifennu.

c) Cymharwch y ddau gyfieithiad o'r un darn. Sut mae'r fersiynau gwahanol o adnod 28 yn awgrymu y dylai bodau dynol ymddwyn tuag at y ddaear?

Mae'r gair 'darostwng' yn gallu rhoi'r argraff bod bodau dynol wedi cael gorchymyn i goncro'r ddaear. Mae gwahanol rywogaethau o anifeiliaid wedi diflannu o'r tir, ac mae hynny'n dangos bod rhai bodau dynol wedi dilyn y gorchymyn yma i'r eithaf. I rai, mae 'darostwng' yn golygu bod angen i ni wneud yr elw mwyaf posib trwy dorri coed i lawr mewn coedwigoedd a gwerthu'r tir hwnnw wedyn. Mae pobl eraill yn meddwl bod cyfrifoldeb bodau dynol yn debyg i gyfrifoldeb rheolwr cwmni. Wrth wneud penderfyniadau a defnyddio adnoddau'r ddaear, mae'n rhaid i ni feddwl am effaith hynny ar bobl eraill ac ar y ddaear ei hun.

GWEITHGAREDD 54

Penderfynwch a ydy'r canlynol yn ganlyniad i 'reoli da' neu'n ganlyniad i awydd bodau dynol i goncro eu hamgylchedd. Eglurwch pam. Gallech wneud hyn drwy ofyn cwestiynau fel 'Ydy hyn yn angenrheidiol?' neu 'Ydy hyn yn niweidio'r blaned?'

- torri coed i lawr
- melinau gwynt
- difodiant rhywogaethau o anifeiliaid
- cyfyngu ar faint o bysgod sy'n cael eu dal a'r mathau
- parciau cenedlaethol
- ceir
- cartrefi
- ffermio
- concrit
- cynhyrchu trydan

Mae digon o le ar y ddaear i bawb allu byw arni. Mae'n gallu cynhyrchu digon o fwyd a dŵr a digon o adnoddau i wneud yn siŵr bod gan bob dyn, menyw a phlentyn bopeth sydd ei angen i fyw yn dda. Mae cartrefi yn bwysig, ac er mwyn eu rheoli'n dda mae angen i ni sicrhau ein bod yn creu cartrefi sy'n defnyddio ynni yn effeithlon. Mae angen cyfyngu ar adnoddau er mwyn gwneud yn siŵr bod pawb yn gallu adeiladu rhywle i fyw. Ond efallai y bydd rhai pobl am godi tai rhad o ansawdd gwael er mwyn gwneud llawer o elw, neu godi tai mawr gwastraffus. Rydyn ni'n defnyddio adnoddau sy'n golygu bod hen goed pren caled yn cael eu torri i lawr i greu pethau y gallen ni fod yn eu creu mewn ffordd sy'n llawer mwy cyfeillgar i'r amgylchedd.

Allwn ni fod yn berchen ar y byd, neu ydyn ni'n rhan ohono?

Hyd yma, rydyn ni wedi bod yn edrych ar ein lle yn y byd o wahanol safbwyntiau.

Dyma'r unig ffotograff o'r Pennaeth Seattle sydd ar gael. Tynnwyd y ffotograff yn 1864.

Y Pennaeth Seattle oedd pennaeth llwyth Indiaid America y Suquamish. Cafodd ei eni yn 1786 a bu farw yn 1866. Roedd ei lwyth yn byw yng ngogledd-orllewin y wlad a elwir yn Unol Daleithiau America erbyn heddiw. Yn 1854 prynodd arlywydd yr Unol Daleithiau y tir lle'r oedd ei lwyth yn byw. Gwnaeth y Pennaeth Seattle araith i'r dyn oedd yn gyfrifol am symud y llwyth o'r tir. Cafodd yr Indiaid eu symud i diriogaethau Indiaidd lle bydden nhw'n gallu cadw eu harferion diwylliannol, ond roedd y tir a gafodd ei brynu yn cael ei ddefnyddio i ffermio, adeiladu a chloddio. Roedd ei araith yn condemnio'r ymsefydlwyr Ewropeaidd am ddweud bod unrhyw un yn gallu bod yn berchen ar dir, a dywedodd nad oedden nhw'n parchu tir ei gyndeidiau. Er bod sôn mai'r Pennaeth Seattle wnaeth yr araith isod, a dweud y gwir cafodd ei hysgrifennu ar gyfer ffilm fer yn tynnu sylw at lygredd yn y 1970au. Mae'r araith yn cael ei hystyried yn un o'r rhai gorau er mwyn dangos y berthynas rhwng dyn a'r ddaear.

Man claddu'r Pennaeth Seattle yng Ngwarchodfa Port Madison yn Suquarmish, Washington

GWEITHGAREDD 55

a) Mewn parau neu mewn grwpiau bach, dewiswch un o'r 5 rhan o araith y Pennaeth Seattle (neu efallai y bydd un yn cael ei dewis drosoch).

b) Dewiswch un neu ddwy frawddeg sy'n crynhoi eich rhan chi o'r araith ac eglurwch pam maen nhw'n helpu i ddisgrifio'r darn.

c) Yn dibynnu ar y rhan o'r araith rydych chi wedi ei dewis, sut mae'r darn yma'n helpu i egluro:
   a. dealltwriaeth y Pennaeth Seattle o berthynas bodau dynol â'r ddaear?
   b. dealltwriaeth y Pennaeth Seattle o berthynas 'pobl wyn' â'r ddaear?

ch) Ydych chi'n cytuno gyda'r Pennaeth Seattle? Pa dystiolaeth sydd i gefnogi eich barn?

d) Rhannwch eich canfyddiadau gyda grŵp arall.

dd) Rhannwch eich canfyddiadau gyda'r dosbarth.

RHAN 1

Mae'r pennaeth mawr yn Washington yn dweud ei fod am brynu ein tir. Mae'n gofyn llawer gennym. Ond fydd hi ddim yn hawdd oherwydd mae'r tir yma'n sanctaidd i ni. Sut gallwch chi brynu awyr, y glaw a'r gwynt i chi eich hun? Mae'r syniad yn ddieithr i ni. Os nad ydyn ni'n berchen ar ffresni'r awyr a gloywder y dŵr, sut gallwch chi eu prynu?

Mae pob rhan o'r ddaear hon yn sanctaidd i fy mhobl i, pob traeth tywodlyd, pob nodwydd bîn loyw, pob tarth yn nhywyllwch y coed. Mae pob llannerch a phob pryfyn yn sanctaidd yng nghof a phrofiad fy mhobl. Rwy'n adnabod y sudd sy'n treiddio drwy'r coed fel rwy'n adnabod y gwaed sy'n llifo drwy fy ngwythiennau fy hun. Mae'r dŵr gloyw sy'n symud yn y nentydd a'r afon yn fwy na dim ond dŵr: gwaed ein teidiau a'n cyndeidiau yw. Mae'r awyr yn werthfawr, mae'n rhannu ei ysbryd â'r holl fywyd mae'n ei gynnal. Bydd y gwynt a roddodd fy anadl gyntaf i mi yn derbyn fy ochenaid olaf.

RHAN 2

Rydyn ni'n rhan o'r ddaear ac mae'r ddaear yn rhan ohonon ni. Mae'r bryniau caregog, y meysydd, y ceffylau, i gyd yn perthyn i'r un teulu. Mae'r blodau a'u persawr yn chwiorydd i ni, a'r arth, y carw, yr eryr mawr, yn frodyr i ni. Llais eich hen hen fam-gu yw murmur y dŵr, a phob adlewyrchiad iasol yn nŵr clir y llyn yn adrodd hanes atgofion bywyd ein pobl. Ein brodyr yw'r afonydd, yn torri ein syched, yn cludo ein cychod ac yn bwydo ein plant. Rhaid i chi roi i'r afonydd y caredigrwydd rydych chi'n ei roi i bob brawd.

RHAN 3

Nid dyn sydd wedi creu gwe bywyd – nid yw ond edefyn ynddi. Beth bynnag mae'n ei wneud i'r we, mae'n ei wneud iddo'i hun. Mae tynged ein pobl yn ddirgelwch i ni. Rydyn ni'n gwybod nad ydy'r dyn gwyn yn deall ein ffyrdd. Iddo ef, mae pob darn o dir yn debyg iawn. Oherwydd dieithryn yw, sy'n dod yn y nos ac yn cymryd o'r tir beth bynnag sydd ei angen arno. Nid yw'r ddaear yn frawd iddo, ond gelyn, a phan fydd wedi concro, mae'n symud yn ei flaen. Mae'n gadael bedd ei dad ar ei ôl ac nid oes ots ganddo. Mae'n cipio'r ddaear oddi ar ei blant ac nid oes ots ganddo. Mae'n anghofio bedd ei dad a genedigaeth-fraint ei blant. Mae'n trin y ddaear, ei fam, a'r awyr, ei frawd, fel pethau i'w prynu, eu hysbeilio, eu gwerthu fel defaid neu fel gleiniau gloyw.

RHAN 4

Bydd ei awch ef (y dyn gwyn) yn difa'r ddaear ac yn gadael dim ond diffeithwch ar ei ôl. Halogwch eich gwely ac un noson fe fyddwch yn mygu yn eich gwastraff eich hun. Beth fydd yn digwydd pan fydd y byffalo i gyd wedi eu lladd? Y ceffylau gwyllt wedi eu dofi? Beth fydd yn digwydd pan fydd cilfachau cyfrin y goedwig yn drwm ag arogl dynion? Pan fydd gwifrau siarad yn difetha'r olygfa dros y bryniau glas? Beth fydd yn digwydd ar ôl ffarwelio â'r ceffyl chwim a'r helfa?

RHAN 5

Pan fydd y dyn coch a'r fenyw goch olaf wedi diflannu gyda'u hanialdir, a'r cof amdanynt yn ddim ond cysgod cwmwl yn symud dros y paith, a fydd y glannau a'r coedwigoedd yno o hyd? A fydd rhywfaint o ysbryd fy mhobl ar ôl? Dyna fydd diwedd byw a dechrau goroesi. Rydyn ni'n caru'r ddaear hon fel y mae baban newydd-anedig yn caru curiad calon ei fam. Os gwerthwn ein tir i chi, gofalwch amdano fel rydyn ni wedi gofalu amdano. Cofiwch am y tir fel yr oedd pan dderbynioch chi ef. Gwarchodwch y tir a'r awyr a'r afonydd i blant eich plant a'u caru fel rydyn ni wedi eu caru. Y ddaear yw ein mam. Mae'r hyn sy'n digwydd i'r ddaear yn digwydd i holl feibion a merched y ddaear.

Trosglwyddo i'r genhedlaeth nesaf

Stori Iddewig: 'Y Goeden Garob'

Roedd Rabi yn mynd am dro un diwrnod pan welodd ddyn yn plannu coeden garob.

"Sawl blwyddyn fydd hi'n ei gymryd i'r goeden ddwyn ffrwyth?" gofynnodd y Rabi.

"Saith deg o flynyddoedd," atebodd y dyn.

Meddyliodd y Rabi am hyn a mynd yn ei flaen, "Ydych chi mor iach fel eich bod yn disgwyl byw tan hynny a bwyta ei ffrwyth?"

Atebodd y dyn, "Cefais fyd ffrwythlon oherwydd bod fy nghyndeidiau wedi ei blannu i mi. Plannu er mwyn fy mhlant yr ydw i."

COEDEN BYWYD

GWEITHGAREDD 56

a) Cymharwch ac eglurwch ystyr stori'r Goeden Garob a'r ddelwedd sy'n dangos 'coeden bywyd'.

b) Pa wersi gall pobl eu dysgu ohonyn nhw?

Mae 'datblygu cynaliadwy' yn derm sy'n cael ei ddefnyddio'n aml wrth drafod materion yn ymwneud ag agweddau pobl at yr amgylchedd a'r ffordd maen nhw'n ei drin. Un diffiniad ohono yw 'parhau i ddatblygu technoleg ac economïau gwledydd heb gael effaith negyddol ar yr amgylchedd na gwastraffu adnoddau'r byd'. Drwy gydol yr uned hon, rydyn ni wedi bod yn edrych ar wahanol safbwyntiau ynglŷn â'r ffordd y gallwn ni fel bodau dynol feddwl am ein perthynas â'r byd. Mae'r wyth datganiad isod yn mynegi amryw o safbwyntiau diwylliannol, crefyddol neu athronyddol sy'n effeithio ar weithredoedd y sawl sy'n credu ynddyn nhw. Nid yw datblygu cynaliadwy yn gallu digwydd os nad ydy pobl yn cynnal yr angen amdano drwy eu barn a'u hagweddau.

PERCHENNOG:

Ddylai neb ddweud wrtha i sut i drin y blaned; fi sydd biau'r darn yma, beth bynnag. Os ydy pobl eraill eisiau gofalu am y darn maen nhw arno neu'r darn maen nhw'n berchen arno, popeth yn iawn, ond fe wna i drin y darn rydw i arno fel y mynna i.

ARIAN:

Mae fy economi i yn seiliedig ar olew; os rhown ni'r gorau i chwilio amdano, ei buro a'i werthu, yna fydd gan fy ngwlad i ddim arian i gynnal ei phobl, ac fe fyddwn yn newynu. Rwy'n deall y dadleuon am yr amgylchedd, ond beth yw pwynt gwarchod y dyfodol os na allwn ni oroesi nawr?

CARTREF:

Ar hyn o bryd, dyma'r unig blaned sydd gennym. Os na wnawn ni ofalu amdani neu ddatrys problemau pan fyddan nhw'n dechrau ymddangos, fe fyddwn ni nid yn unig yn difetha'r blaned, byddwn hefyd yn colli ein cartref.

DIBYNNOL:

Mae angen yr adnoddau sydd wedi eu creu neu eu darganfod ar y blaned hon arnon ni. Hebddyn nhw, all y ddynoliaeth ddim goroesi. Mae dŵr glân, digon o fwyd, a hinsawdd sy'n iawn ar gyfer ein hanghenion mor bwysig. Os byddwn ni'n difetha hynny, bydd y ddaear yn parhau, ond efallai na fydd llawer o fodau dynol yn gallu byw.

BYW:

Mae'r ddaear yn datrys ei phroblemau yn y pen draw; mae'n rhaid i ni fod yn ofalus nad ydyn ni'n ei digio, neu fe allai hi ddefnyddio stormydd a thrychinebau naturiol i ddysgu gwers i ni. Rwy'n gobeithio ein bod ni'n gwrando ac yn gwneud y dewisiadau iawn.

RHEOLWYR:

Mae Duw wedi rhoi gwaith pwysig i ni ar y ddaear – gyda'n deallusrwydd, gallwn naill ai helpu'r ddaear neu ei difetha. Mae'n rhaid i ni reoli adnoddau'r blaned i fwydo pawb yn deg; mae'r ddaear yma i sicrhau bod gan bob un ohonon ni bopeth sydd ei angen.

CONCWERWYR:

Efallai nad ni yw'r cryfaf, ond fe wnaeth Duw ni'n fwy deallus na rhywogaethau eraill, ac rydyn ni ar frig y gadwyn fwyd. Fe ddylen ni ddefnyddio'r adnoddau pan ddown o hyd iddyn nhw. Mae'r ddaear yma i sicrhau bod gennym bopeth sydd ei angen. Rydyn ni wedi dod o hyd i atebion i'n problemau i gyd yn y gorffennol, ac wrth gwrs fe ddown o hyd i atebion yn y dyfodol.

PARTNERIAID CYFARTAL:

Dim ond un creadur ymhlith creaduriaid eraill ar y blaned ydyn ni. Nid yr eryrod sydd biau'r awyr, ac nid bodau dynol chwaith sydd biau'r ddaear. Rydyn ni'n rhan o gylch bywyd ac felly mae'n rhaid i ni dderbyn ein sefyllfa fel bodau cyfartal.

GWEITHGAREDD 57

Dadl Ddeublyg. Fel dosbarth, mae'n rhaid i chi gynnal dadl ar ddau ddatganiad pwysig.

"Mae angen datblygu cynaliadwy arnon ni."

a

"Fy marn i sy'n iawn."

a) Rhannwch y dosbarth yn wyth grŵp, a rhoi un o'r datganiadau barn i bob grŵp.

b) Rhaid i bob grŵp dybio mai eu barn nhw, a dim ond eu barn nhw, sy'n iawn.

c) Cyn y ddadl, dylai pob grŵp benderfynu a ydyn nhw'n cytuno, yn cytuno'n rhannol neu'n anghytuno â phedwar gosodiad, a rhoi rhesymau:
   i. Dydy hi ddim yn iawn torri coed i lawr.
   ii. Rhaid i ni roi'r gorau i ddefnyddio tanwydd ffosil nawr.
   iii. Rhaid i ni i gyd fod yn llysieuwyr.
   iv. Mae gennym hawl i wneud beth fynnwn ni gyda'r blaned yma.

ch) Yr athro neu'r athrawes fydd yn cadeirio. Cynhaliwch ddadl ar bob gosodiad yn ei dro, gyda phob un o'r wyth grŵp yn rhoi eu rhesymau dros gytuno, cytuno'n rhannol neu anghytuno.

d) Ar ôl y ddadl, rhowch yr wyth safbwynt mewn rheng ddiemwnt – y rhai sydd yn eich barn chi yn bwysig ar y pen uchaf, a'r rhai rydych chi'n anghytuno â nhw ar y gwaelod.

Datganiadau Assisi

Mae'r materion amgylcheddol rydyn ni'n gwybod amdanyn nhw yn rhai gweddol ddiweddar yn hanes y byd. Doedd y technolegau sydd wedi cael effaith negyddol ar fyd natur fel tanwydd â phlwm a nwyon CFC ddim o gwmpas pan oedd y testunau crefyddol pwysig yn cael eu hysgrifennu, felly does dim rheolau na chod penodol i'w dilyn o safbwynt yr amgylchedd. Mae darnau yn yr holl ysgrythurau crefyddol sy'n gallu helpu i ddylanwadu ar agwedd pobl tuag at yr amgylchedd, ac mae llawer o'r uned hon hyd yma wedi canolbwyntio ar yr agweddau gwahanol hyn.

Yn 1986, i nodi pen-blwydd y Gronfa Natur Fyd-eang (WWF) yn 25 oed, gwahoddodd llywydd WWF ar y pryd, y Tywysog Siarl, arweinwyr o bump o grefyddau mawr y byd i drafod sut gallai eu credoau helpu i achub byd natur. Cafodd y cyfarfod ei gynnal yn Assisi yn yr Eidal, lle cafodd Sant Ffransis, nawddsant anifeiliaid a'r amgylchedd y Catholigion, ei eni. Lluniodd pob un o'r 5 crefydd 'ddatganiad ar natur' yn sôn am rai o'u credoau ynghylch yr amgylchedd ac yn nodi agweddau a gweithredoedd y dylai pobl y ffydd honno eu dilyn er mwyn sicrhau dyfodol cadarnhaol i bawb sy'n byw ar y ddaear.

Mae'r ddogfen derfynol o'r enw 'Datganiadau Assisi: Negeseuon ar Ddynoliaeth a Natur' ar gael ar y we. Mae pob datganiad yn para am rai tudalennau, felly dyma grynodeb ohonyn nhw.

Bwdhaeth Cyflwynwyd gan yr Hybarch Lungrik Namgyal Rinpoche, Abad Prifysgol Dantrig Gyuto.

- Mae perthynas naturiol rhwng achosion a'r canlyniadau a ddaw yn eu sgil yn y byd ffisegol. Mae gweithredoedd cadarnhaol yn achosi hapusrwydd a gweithredoedd negyddol yn achosi canlyniadau negyddol.
- Gall bodau dynol sydd ag agwedd iach achosi hapusrwydd, a bydd gweithredu drwy anwybodaeth neu agwedd negyddol yn achosi dioddefaint a phoen.
- Mae Bwdhaeth yn rhoi pwys mawr ar fywyd gwyllt ac ar warchod yr amgylchedd, oherwydd mae pob bod yn y byd yn dibynnu arno er mwyn byw.
- Mae anifeiliaid yn ceisio hapusrwydd ac yn dioddef yn union fel bodau dynol, ond mae llawer o fodau dynol yn dewis anwybyddu hyn, gan ddefnyddio anifeiliaid at ddibenion cwbl hunanol.
- Ddylen ni ddim barnu unrhyw rywogaeth ar sail ei defnyddioldeb i fodau dynol yn unig.
- Mae pob bywyd yn gysylltiedig drwy gylch ailymgnawdoliad.
- Drwy gydol hanes, mae bodau dynol wedi byw mewn cytgord â natur.
- Mae gan fodau dynol ac anifeiliaid hawl i oroesi.

Cristnogaeth Cyflwynwyd gan y Tad Lanfranco Serrini, Gweinidog Cyffredinol y Cwfeiniaid.

- Creodd Duw bopeth a datgan bod popeth yn dda iawn, gan roi gogoniant yn ôl i Dduw yn y pen draw.
- Gwnaeth ddyn a menyw ar ei lun a'i ddelw ei hun a rhoi iddynt ofal dros bob creadur gweladwy er mwyn dangos daioni yr Arglwydd.
- Mae cydbwysedd rhwng ein perthynas â'r blaned fel rheolwyr ac fel stiwardiaid.
- Drwy ddinistrio'r ddaear, mae perygl i ddynoliaeth ddinistrio ei hun.
- Mae pob gweithred anghyfrifol tuag at y ddaear yn drosedd yn erbyn deddf Duw.
- Achosodd y pechod gwreiddiol yng Ngardd Eden anghytgord rhwng dynoliaeth a'i pherthynas â Duw, ei gilydd a'r amgylchedd.
- Mae'r 'Newyddion Da' neu Iachawdwriaeth a ddaw drwy Iesu yn helpu i ddod ag adferiad i'r ddaear, ond yn y pen draw bydd yn trawsnewid y byd pan ddaw drachefn i farnu'r byw a'r meirw.
- Dylai gweithredoedd Cristnogion amlygu'r adferiad hwn a pheidio â defnyddio'r ddaear at ein chwantau hunanol ni ein hunain.

Hindŵaeth Cyflwynwyd gan Ei Ardderchogrwydd Dr Karan Singh, Llywydd, Hindu Virat Samaj.

- Mae bodau dynol yn rhan o natur, yn hytrach nag ar wahân iddo.
- Mae'r un grym ysbrydol dwyfol yn holl wrthrychau'r bydysawd, boed fyw neu beidio.
- Er bod yr hil ddynol ar frig y pyramid esblygiad ar hyn o bryd, nid yw'n cael ei gweld fel rhywbeth ar wahân i'r ddaear a'i hamryw ffurfiau. Ni wnaeth dyn ymddangos yn ei lawn dwf i lywodraethu dros ffurfiau israddol o fywyd, ond yn hytrach mae wedi esblygu o'r ffurfiau hyn ac mae felly yn rhan annatod o'r cread cyfan.
- Nid yw'r dwyfol y tu allan i'r greadigaeth, ond mae'n mynegi ei hun drwy ffenomenâu naturiol.
- Cyngor llawer o destunau crefyddol yr Hindŵ yw y dylid trin pob rhywogaeth fel plant.
- Mae pob duw Hindŵ yn gysylltiedig ag anifail neu aderyn penodol.
- Mae natur yn gysegredig, ac mae'r dwyfol yn cael ei ddangos yn ei holl ffurfiau. Mae parch tuag at fywyd yn egwyddor hanfodol; felly hefyd *ahimsa* (byw'n ddi-drais).
- Ni ellir dinistrio natur heb i'r ddynoliaeth ddinistrio ei hun.

Islam Cyflwynwyd gan Ei Ardderchogrwydd Dr Abdullah Omar Nasseef, Ysgrifennydd Cyffredinol Cynghrair Mwslimaidd y Byd.

- Creadigaeth Duw yw'r bydysawd cyfan.
- Allah sydd wedi creu bodau dynol, yn greadigaeth arbennig iawn oherwydd mai bodau dynol yn unig a grëwyd â rheswm, a'r gallu i feddwl a'r gallu hyd yn oed i droi yn erbyn eu Creawdwr.
- Rhaid i fodau dynol ddeall eu bod yn fodau sydd wedi'u creu ac felly yn ddarostyngedig i Allah.
- Yr unig ffordd y caiff bodau dynol heddwch fel unigolion, rhwng dyn a dyn, a heddwch rhwng dyn a natur, yw drwy ymostwng i ewyllys Allah.
- Pan fydd bodau dynol yn ymostwng i ewyllys Allah, byddant yn deall eu lle yn nhrefn y cread ac yn dod yn ymddiriedolwyr cyfrifol o roddion Allah.
- Swyddogaeth bodau dynol ar y ddaear yw bod yn khalifa, yn stiwardiaid ac asiantwyr i Allah ar y Ddaear, nid yn feistri arni.
- Mae bodau dynol yn atebol i Allah ac yn cael eu barnu yn ôl y ffordd y maen nhw'n defnyddio neu'n camddefnyddio ymddiriedaeth Allah.
- Un o gysyniadau canolog Islam yw Undod Allah (*Tawhid*) ac mae ei undod wedi'i adlewyrchu yn undod bodau dynol a byd natur.

Iddewiaeth Cyflwynwyd gan Rabi Arthur Hertzberg, Is-lywydd Cynghrair Iddewig y Byd.

- *"Mae pawb sy'n drugarog wrth bob creadur yn ddisgynyddion i'n hynafiad Abraham."*
- Mae'r nefoedd yn gwobrwyo'r sawl sydd â chonsyrn a thrugaredd tuag at weddill y greadigaeth, ond dylai Iddewon fod yn drugarog tuag at y greadigaeth, nid dim ond er mwyn cael gwobr ond oherwydd bod hynny'n foesol dda.
- Adda, y dyn cyntaf a'r creadur tebycaf i Dduw, a roddodd enwau i'r holl greadigaeth, a Duw yn gwylio drosto ac yn cymeradwyo. Ar ddechrau amser, derbyniodd dyn gyfrifoldeb gerbron Duw i ofalu am yr holl greadigaeth. Mae'r cyfrifoldeb hwnnw'n parhau i fodau dynol.
- Mae gwyliau'r grefydd Iddewig yn dathlu cylch tymhorau natur.
- Drwy ddioddefaint yr Iddewon yn yr Ail Ryfel Byd, datblygodd y grefydd honno ddealltwriaeth ac empathi unigryw gydag anifeiliaid sy'n wynebu difodiant (*extinction*).
- Mae gan Iddewon gyfrifoldeb tuag at fywyd, i'w amddiffyn ym mhobman, nid yn unig yn erbyn ein gweithredoedd ein hunain ond yn erbyn gweithredoedd eraill hefyd.
- Daw'r datganiad i ben gyda stori am ddau ddyn mewn cwch rhwyfo. Mae un dyn yn dechrau llifio yn union o dan lle mae'n eistedd, gan ddweud bod ganddo hawl i wneud beth bynnag mae e am ei wneud gyda'r hyn sy'n berchen iddo. Mae'r llall yn ateb drwy ddweud eu bod yn y cwch rhwyfo gyda'i gilydd ac y bydd y twll y mae'n ei wneud yn suddo'r ddau ohonyn nhw.

a)   Eglurwch yr hyn sy'n debyg ac yn wahanol drwy gymharu 'crynodeb o ddatganiadau' …

   i.   Un grefydd ddwyreiniol ac un grefydd orllewinol (dwyreiniol: Bwdhaeth a Hindŵaeth, gorllewinol: Cristnogaeth, Islam ac Iddewiaeth)

   ii. Dwy grefydd orllewinol.

Ar ddechrau'r llyfr gofynnwyd i chi gasglu tystiolaeth o bob rhan o'r uned hon er mwyn ateb dau gwestiwn. Bydd angen i chi ddefnyddio'r dystiolaeth hon i gwblhau'r gweithgaredd olaf.

Pa dystiolaeth sydd bod gan fodau dynol y gallu i ddinistrio'r ddaear?	Pa dystiolaeth sydd bod gan fodau dynol y gallu i warchod y ddaear?

Gan ddefnyddio eich ymchwil, lluniwch eich datganiad eich hun i'w ychwanegu at ddatganiadau Assisi. Er mwyn i'r blaned oroesi, mae'n amlwg fod yn rhaid i agweddau ac arferion bodau dynol newid. Mae'r uned hon wedi canolbwyntio ar y gwahanol agweddau hyn ac ar effeithiau posibl y safbwyntiau hyn ar ein gweithredoedd, yn gadarnhaol neu negyddol. Mae datganiadau Assisi yn cyfeirio at gred ynghylch sut y daeth y byd i fod a'r agweddau y dylai pobl grefyddol eu mabwysiadu.

Crëwch eich datganiad Assisi eich hun gan ddefnyddio'r wybodaeth rydych chi wedi bod yn ei hastudio yn yr uned hon. Cofiwch gynnwys tystiolaeth fod gan fodau dynol y gallu i ddinistrio'r ddaear er mwyn egluro atebion posibl i'r problemau rydyn ni'n eu hwynebu. Yn y pen draw, ydych chi'n meddwl bod gan fodau dynol y gallu i warchod y ddaear? Eglurwch pam.

Crynhoi: Pwy sy'n gyfrifol am y llanast hwn?

Yn yr uned hon, rydyn ni wedi bod yn trafod pwnc pwysig iawn – parhad y ddaear. Fe ddechreuon ni drwy ofyn pwy sy'n gyfrifol am y llanast hwn, ac fe wnaethon ni archwilio'r gwahanol broblemau sy'n wynebu'r blaned. Mae'r rhan fwyaf o'r uned hon yn canolbwyntio ar wahanol agweddau grwpiau o bobl a sut mae'r agweddau hynny'n effeithio ar y planedau.

Wedi i chi ymchwilio i'r ddysgeidiaeth grefyddol yn natganiadau Assisi, fe aethoch chi ati i greu eich datganiad eich hun yn egluro sut, yn eich barn chi, y dylen ni fel bodau dynol sicrhau ein bod yn cymryd cyfrifoldeb am y llanast hwn!

GWEITHGAREDD 47

Problemau
1. Glaw asid
2. Olew wedi gollwng
3. Torri coedwigoedd glaw i lawr
4. Gwastraffu dŵr
5. Llygredd aer diwydiannol
6. Mygdarth petrol
7. Gorsafoedd niwclear
8. Cael gwared ar goetir a rhoi concrit yn ei le
9. Sbwriel

Crynhoi terfynol

Drwy gydol y gyfres hon, rydym wedi bod yn edrych ar y cysylltiad rhwng cred, dysgeidiaeth ac arfer crefyddol. Er mwyn archwilio cwestiynau sylfaenol, rydyn ni wedi edrych ar wahanol fathau o ddysgeidiaeth grefyddol ac wedi trafod y credoau y gallan nhw eu cyfleu i ddilynwyr crefyddol. Rydyn ni wedi gweld cysylltiadau rhwng y credoau a'r dysgeidiaethau hyn ac arferion a gweithredoedd crefyddol pwysig.

'Ydych chi'n arfer yr hyn rydych chi'n ei bregethu?' Dyma ymadrodd cyffredin sy'n gofyn i ni feddwl am y cysylltiad rhwng yr hyn rydyn ni'n ei ddweud a'r hyn rydyn ni'n ei wneud. Ydyn ni'n 'pregethu' ac yn dweud wrth bobl eraill am wneud pethau rydyn ni'n fodlon eu gwneud ein hunain? Mae'r ymadrodd yma'n cael ei ddefnyddio'n aml i ddweud a allwn ni ymddiried yn rhywun neu a yw'n berson gonest ai peidio. Mae pobl nad ydynt yn arfer yr hyn maen nhw'n ei bregethu yn aml yn cael eu hystyried yn llai gonest na'r rhai sydd yn gwneud hynny.

Teitl y llyfr yma yw *Pregethu ac Arfer*. Rydyn ni wedi edrych ar nifer o gredoau, dysgeidiaeth ac arferion ynghylch gwahaniaethu, perthynas, rhyddid crefyddol a'r amgylchedd. Yn y drydedd uned gofynnwyd os yw rhywun yn dweud ei fod yn credu yn rhywbeth ond nad yw'n barod i weithredu ar y gred honno, a yw mewn gwirionedd yn credu yn hynny o gwbl? Mae arferion fel copa mynydd iâ, yn dangos y credoau a'r ddysgeidiaeth sy'n cuddio o dan weithredoedd pobl.

Mae pob un o'r pedair uned yn canolbwyntio ar faterion sy'n wynebu ein byd ni heddiw. Mae gweithredoedd cadarnhaol yn gallu ateb llawer o'r problemau rydyn ni'n eu hwynebu: dydy credu bod hiliaeth yn anghywir ddim yn golygu y bydd yn diflannu, a dydy credu y dylen ni ofalu am y blaned ddim yn golygu bod y byd yn fwy diogel. Dim ond drwy arfer neu wneud yr hyn rydyn ni'n ei gredu y gallwn ni helpu i ddatrys y pryderon sy'n ein hwynebu ni i gyd.